O CAMINHO SIMPLES PARA A RIQUEZA

JL Collins

O CAMINHO SIMPLES PARA A RIQUEZA

SEXTANTE

Título original: *The Simple Path to Wealth*

Copyright © 2016 por JL Collins
Copyright da tradução © 2022 por GMT Editores Ltda.

Todos os direitos reservados. Nenhuma parte deste livro pode ser utilizada ou reproduzida sob quaisquer meios existentes sem autorização por escrito dos editores.

tradução: Nina Lua
preparo de originais: Ana Tereza Clemente
revisão: Luíza Côrtes e Priscilla Cerqueira
revisão técnica: Heloiza Canassa
diagramação: Ana Paula Daudt Brandão
capa: Filipa Pinto
impressão e acabamento: Cromosete Gráfica e Editora Ltda.

CIP-BRASIL. CATALOGAÇÃO NA PUBLICAÇÃO
SINDICATO NACIONAL DOS EDITORES DE LIVROS, RJ

C674c

Collins, JL
 O caminho simples para a riqueza / JL Collins ; tradução Nina Lua. - 1. ed. - Rio de Janeiro : Sextante, 2022.
 272 p. ; 21 cm.

 Tradução de: The simple path to wealth
 ISBN 978-65-5564-411-1

 1. Finanças pessoais. 2. Investimentos. 3. Riqueza. I. Lua, Nina. II. Título.

22-77675
CDD: 332.024
CDU: 330.567.22

Meri Gleice Rodrigues de Souza - Bibliotecária - CRB-7/6439

Todos os direitos reservados, no Brasil, por
GMT Editores Ltda.
Rua Voluntários da Pátria, 45 – Gr. 1.404 – Botafogo
22270-000 – Rio de Janeiro – RJ
Tel.: (21) 2538-4100 – Fax: (21) 2286-9244
E-mail: atendimento@sextante.com.br
www.sextante.com.br

*Este livro é dedicado à minha filha, Jessica,
que me inspirou a escrevê-lo.
E aos leitores do site www.jlcollinsnh.com,
cujos comentários e perguntas ao longo dos anos me
ajudaram a compreender melhor o que é preciso saber
para conquistar a independência financeira.*

Um aviso antes de começar

As ideias e os conceitos deste livro se baseiam no que funcionou para a minha vida financeira e também, confesso, no que não funcionou. Podem ter deixado de se adequar a mim e talvez não deem certo para você.

Ainda assim, espero que o livro responda a algumas de suas perguntas e ofereça orientações valiosas. Mas já adianto que é impossível conhecer os detalhes da situação pessoal ou das necessidades de cada leitor.

Sumário

Prefácio 11

Para começar 15
Introdução 17
Uma parábola: o monge e o ministro 20
Minha história nunca foi sobre aposentadoria 21
Observações importantes 28

PARTE I: Orientação 33
1. Dívida: o fardo inaceitável 35
2. Por que você precisa do dinheiro do f***-se 45
3. Todo mundo pode mesmo se aposentar como milionário? 48
4. Como pensar sobre dinheiro 53
5. Investindo em um mercado altamente aquecido (ou em queda) 61

PARTE II: **Como aproveitar a mais poderosa ferramenta de acúmulo de riqueza** 69

6. Uma quebra terrível do mercado se aproxima e nem os economistas famosos podem salvar você 71
7. O mercado sempre sobe 79
8. Por que a maioria das pessoas perde dinheiro na bolsa 86
9. O acontecimento grande e feio 93
10. Como manter tudo simples: considerações e ferramentas 99
11. Fundos de índice só servem para pessoas preguiçosas? 105
12. Títulos 111
13. Ideias de carteira para acumular e manter o capital 120
14. Como selecionar a alocação de ativos 127
15. Fundos internacionais 134
16. Fundos de previdência com data-alvo: o caminho mais simples para a riqueza 138
17. E se você não puder comprar cotas do VTSAX nem da Vanguard? 143
18. O que é que a Vanguard tem, afinal? 149
19. Os investimentos em previdência privada 155
20. HSAs: mais que uma simples maneira de pagar as despesas médicas 164
21. Estudo de caso: colocando em prática o caminho simples para a riqueza 169
22. Por que não gosto de consultores de investimentos 181

PARTE III: **Feijões mágicos** 189

23. John Bogle e a crítica aos fundos de índice 191
24. Por que não sou capaz de escolher ações que terão bom desempenho – nem você 194
25. Por que não gosto da prática de *dollar cost averaging* 199

26. Como ser um guru do mercado de ações e
aparecer na TV   203
27. Você também pode ser passado para trás   206

PARTE IV: O que fazer quando você chegar lá   213

28. Taxas de retirada: quanto posso gastar afinal?   215
29. Como retirar meus 4%?   226
30. Previdência social: quão segura ela é e quando usá-la   235
31. Como doar feito um bilionário   244

Posfácio   251

O caminho para a minha filha: os primeiros dez anos   253
Histórias do Pacífico Sul   257
Algumas considerações finais sobre risco   262

Agradecimentos   267

Prefácio

Neste mundo não faltam conhecimentos que você *deveria adquirir* e obras que tratam justamente desses temas. Todo ensinamento que você poderia desejar está bem ali, impresso em um livro. Ou em uma estante inteira de livros, bem ao alcance de seus olhos. Talvez você conseguisse preencher um estacionamento com todos os volumes que já foram escritos sobre investir sozinho e ainda encontrasse mais alguns brotando do chão ao sair para a rua.

O problema é que esses livros são chatos, em sua maioria, e você acaba deixando a leitura de lado, com o marcador lá na página 25, para nunca mais voltar. Mesmo com as melhores habilidades e intenções, os escritores que se dedicam ao mundo dos investimentos em ações não conseguem acertar a mão. Eles escrevem de maneira arrastada, ou criam parágrafos tão secos e densos que você se vê relendo o mesmo trecho repetidas vezes durante meia hora, enquanto sua mente divaga em direção a horizontes mais interessantes.

JL Collins ignora por completo esse estilo antigo de abordar os investimentos. Ele produz conteúdos cativantes. Em vez de equações esotéricas sobre como medir o *alfa* de uma ação e compará-

-lo ao *beta*, ele descreve todo o mercado como uma grande caneca de cerveja e explica por que ainda vale a pena comprá-la, mesmo quando vem com uma quantidade imprevisível de espuma.

Ele acende a fogueira do acampamento e começa a contar histórias. E se por acaso essas histórias forem exatamente sobre aquilo que você queria aprender, seu novo conhecimento terá sido um belo efeito colateral.

Foi o que aconteceu há alguns anos, quando Jim começou a publicar textos no site www.jlcollinsnh.com sobre boas práticas de investimento. Li todos à medida que foram sendo publicados, e eram tão bons que comecei a indicá-los a meus leitores. Eles gostaram tanto que indicaram a seus conhecidos. As visualizações chegaram aos milhares, depois às centenas de milhares.

O boca a boca sobre a Série da Bolsa se mantém até hoje porque as pessoas gostam de verdade de ler os textos. Claro, o autor tem conhecimento técnico, o que transparece em sua vida financeira invejável. Mas os leitores não retornam apenas para se aquecer na magia técnica – visitam o site para desfrutar da fogueira e ouvir uma boa história.

Acredito que essa reação incrível motivou Jim a reescrever e ampliar sua excelente Série da Bolsa, transformando-a nesta obra ainda melhor. *O caminho simples para a riqueza* é um livro revolucionário sobre investimento em ações (e sobre boas práticas financeiras em geral) porque você de fato o lerá, se divertirá e, então, será capaz de pôr as lições em prática para multiplicar seu dinheiro.

Você ficará aliviado ao descobrir que pode ser muito bem--sucedido tendo um único fundo Vanguard[1] ao longo de toda a

---

[1] A Vanguard é uma das maiores gestoras de ativos do mundo, com bilhões de dólares em seus fundos e carteiras. Também foi pioneira no lançamento dos fundos de índice, que replicam a composição – e consequentemente o desempenho – de um índice da bolsa e são considerados mais seguros. (N. do E.)

vida. Pode diversificar e sofisticar um pouco se quiser, mas não há nada a perder, e tudo a ganhar, quando mantemos as coisas o mais simples possível.

Embora pouquíssimas pessoas de fato o percorram, descobri que o caminho para uma vida abastada é simples e agradável. Faz sentido, então, que exista um livro sobre ele com essas mesmas características.

PETER ADENEY
Também conhecido como Mr. Money Mustache
Colorado, junho de 2016

Para começar

"Se você tentar alcançar uma estrela, talvez não consiga agarrá-la. Mas também não acabará com um punhado de lama na mão."

– LEO BURNETT

Introdução

Este livro nasceu a partir do meu blog, www.jlcollinsnh.com. E o blog surgiu de uma série de cartas que eu havia começado a escrever para minha filha, adolescente na época. Essas cartas diziam respeito a vários assuntos – principalmente relacionados a dinheiro e investimentos – que ela ainda não estava pronta para entender. Uma vez que o dinheiro é a ferramenta mais poderosa que temos para navegar neste mundo complexo que criamos, é essencial entendê-lo. Se você decidir dominá-lo, o dinheiro se tornará um servo maravilhoso. Caso contrário, ele dominará você.

"Mas, pai", disse-me uma vez minha filha, "eu sei que dinheiro é importante. Só não quero passar a vida pensando nele."

Para mim, isso foi revelador. Eu amo pensar sobre dinheiro, mas a maioria das pessoas tem coisas melhores para fazer com seu tempo precioso. Elas têm pontes para construir, doenças para curar, tratados para negociar, montanhas para escalar, tecnologias para desenvolver, crianças para educar, negócios para abrir e administrar.

Essa negligência benigna em relação às finanças nos deixa vulneráveis aos charlatães do mundo financeiro. Há pessoas que transformam o ato de investir em algo complexo porque isso é mais lucrativo para elas e sai caro para nós. No entanto, somos forçados a recorrer a elas, sempre de braços abertos para nos receber.

Eis uma verdade importante: os investimentos complexos existem apenas para dar lucro àqueles que os criam e vendem. São mais caros para o investidor e também menos eficazes.

Aqui estão algumas diretrizes para você considerar:

- Gaste menos do que ganha. Invista o excedente. Evite dívidas. Faça isso e você ficará rico. Não apenas de dinheiro.
- Acumular dívidas é tão agradável quanto ter sanguessugas sobre a pele – o efeito é quase o mesmo. Pegue um objeto fino e rígido e comece a raspar as sanguessugas.
- Um estilo de vida que demande toda a sua renda – ou, Deus me livre, mais do que você ganha – faz de você um escravo sofisticado do dinheiro.
- Evite pessoas irresponsáveis na área fiscal. Nunca se case com uma delas ou lhe dê acesso ao seu dinheiro.
- Abra mão de consultores financeiros. A maioria só leva em conta os próprios interesses. Quando você tiver conhecimento suficiente para escolher um bom consultor, já saberá o bastante para cuidar de suas finanças. O dinheiro é seu, e ninguém vai cuidar dele melhor que você.
- Você é dono das suas coisas, mas elas também são donas de você.
- O dinheiro pode comprar muitas coisas, mas nada é mais valioso que a sua liberdade.
- As escolhas que você faz nem sempre estão relacionadas a dinheiro, mas tenha clareza sobre o impacto financeiro das decisões que toma.
- Investir bem não é complicado.
- Guarde uma parte de cada quantia que ganhar.

- Economize e invista a maior porcentagem possível de sua renda. Assim, mais cedo do que imagina, você terá "dinheiro do f***-se".
- Tente poupar e investir metade de sua renda. Sem dívidas, isso é perfeitamente possível.
- Aprenda a viver com menos e tenha mais dinheiro para investir.
- Aplique em ações, uma ferramenta poderosa de geração de riqueza. Mas tenha em mente que o mercado e o valor de seus ativos podem cair drasticamente. Isso é normal e esperado. Quando acontecer, ignore as quedas e compre mais ações.
- Não se abalar com o mercado em queda será muito, muito mais difícil do que você imagina. As pessoas à sua volta entrarão em pânico. A mídia gritará: "Venda, venda, venda!" Ignore. Ninguém pode prever quando as quedas ocorrerão, embora haja quem diga que pode. Essas pessoas estão delirando ou tentando vender algo, ou as duas coisas ao mesmo tempo.
- Quando você conseguir se sustentar com 4% de seus investimentos ao ano, terá alcançado a independência financeira.

É tudo muito simples e claro para mim, mas precisei aprender do jeito mais difícil, ao longo de décadas. Aquelas primeiras cartas para minha filha, depois o blog e, agora, este livro são esforços que compartilho para mostrar o que funciona, onde estão os campos minados e quão descomplicado tudo pode e deve ser. Minha esperança é que, com isso, o caminho da minha filha seja mais suave, que ela dê menos passos em falso e que sua própria liberdade financeira venha mais cedo e com menos lágrimas.

Agora que você está com o livro em mãos, espero que sua trajetória seja semelhante à que proponho a minha filha. Discutiremos todos esses pontos que levantei e muitos outros mais. É hora de iniciar essa jornada juntos. Começaremos com uma parábola.

Uma parábola: o monge e o ministro

Dois grandes amigos de infância crescem e seguem caminhos diferentes. Um se torna um monge humilde, o outro, um rico e poderoso ministro do rei.

Anos depois, eles se encontram. Enquanto contam um ao outro as novidades, o ministro imponente em suas finas vestes sente pena do monge magro e maltrapilho. Tentando ajudar, ele diz:

– Olha só, se você aprendesse a servir ao rei, não teria que viver só de arroz e feijão.

Ao que o monge responde:

– Se você aprendesse a viver de arroz e feijão, não teria que servir ao rei.

Quase todos nos encontramos em algum ponto entre os dois. Para mim, é melhor estar mais perto do monge.

Minha história nunca foi sobre aposentadoria

Para mim, a busca pela independência financeira nunca teve a ver com aposentadoria. Gosto de trabalhar e tenho orgulho da minha carreira. O ponto-chave é ter opções. Ser capaz de dizer "não". Ter dinheiro para poder chutar o balde e ser livre.

Comecei a trabalhar aos 13 anos. Ou mais cedo ainda, se contarmos o tempo em que eu vendia mata-moscas de porta em porta e coletava garrafas de refrigerante à beira de estradas para vender a depósitos. Na maior parte das vezes, gostei de trabalhar e sempre adorei receber meu pagamento.

Desde o início, economizei de modo natural. Ver meu dinheiro crescer era inebriante. Nunca soube bem como esse hábito começou. Pode ser um traço genético. Ou talvez minha mãe tenha me seduzido com a imagem do conversível vermelho que eu poderia comprar quando fizesse 16 anos. Mas isso não se concretizaria.

A saúde do meu pai entrou em declínio antes que eu chegasse a essa idade, e logo o negócio dele começou a afundar. Gastei minhas economias pagando a faculdade e aprendi que este é um mundo instável em termos financeiros. Os conversíveis vieram mais tarde. Até hoje fico chocado ao ler sobre alguém de meia-idade que é demitido do emprego de vinte anos e entra em falência. Como a pessoa permite que isso aconteça? É resultado de não dominar o dinheiro.

Já sabia que queria o "dinheiro do f***-se" muito antes de ouvir esse termo. Se não me falha a memória, a expressão *f-you money* teve origem no romance *Casa nobre*, de James Clavell. Desde o momento em que li o livro, meu objetivo ganhou uma forma tangível e um nome inesquecível.

No romance, uma jovem está em busca de seu "dinheiro do f***-se". Para ela, significa ter o suficiente para se sentir livre das demandas dos outros e ser capaz de fazer o que quiser com sua vida e seu tempo. Ela quer conquistar 10 milhões de dólares, muito mais que o necessário para alcançar a independência financeira. Pelo menos para mim. É bom ter um pouco do monge dentro de si.

A outra coisa que descobri com rapidez é que a independência financeira está ligada tanto ao dinheiro quanto à capacidade de viver de forma modesta, como descreve a parábola de abertura deste livro.

Ao contrário do romance, para mim o dinheiro do f***-se não precisa ser o bastante para me sustentar pelo restante da vida. Às vezes, é apenas o suficiente para dar uma pausa no trabalho por um tempo. Tive a primeira oportunidade desse tipo aos 25 anos, quando consegui economizar a fortuna de 5 mil dólares depois de trabalhar dois anos com um salário anual de 10 mil.

Foi meu primeiro emprego "profissional", e até encontrá-lo passei dois longos anos pós-faculdade me sustentando com um trabalho braçal que pagava um salário mínimo. Mas eu queria viajar, passar alguns meses conhecendo a Europa. Conversei com meu chefe e pedi quatro meses de licença não remunerada. Isso não existia naquele tempo. Ele disse "não".

Naquela época, eu não tinha ideia de que as relações de trabalho eram negociáveis. Você pedia. Seu empregador decidia e respondia. Caso encerrado.

Fui para casa e passei mais ou menos uma semana pensando no assunto. No fim das contas, por mais que eu gostasse daquele emprego e que fosse difícil encontrar outro à altura, pedi demissão. Então, aconteceu algo curioso. Meu chefe disse: "Não tome uma decisão impulsiva. Vou falar com o dono."

Quando a poeira baixou, combinamos uma licença de seis semanas, que passei pedalando na Irlanda e no País de Gales.

Embora eu não tenha percebido logo no início como esse tipo de negociação acontece, aprendi bem rápido. Dali em diante, passei a pedir e a obter um mês de férias todo ano. No ano seguinte, fui para a Grécia. Meus olhos se abriram. O dinheiro do f***-se pagou a viagem e me deu a oportunidade de negociar. Eu nunca mais seria um escravo.

Desde então, pedi demissão mais quatro vezes e fui demitido uma vez. Fiz pausas que duraram de três meses a cinco anos. Tomei esse tipo de atitude para trocar de carreira, para me concentrar na compra de um negócio, para viajar e – quando a decisão fugiu da minha mão – para me permitir não ter planos. A parada mais recente ocorreu em 2011, e a intenção era permanecer aposentado. Mas tudo pode mudar, não é mesmo? Gosto muito de ser pago.

Minha filha nasceu durante uma dessas (cof, cof) licenças não remuneradas. Agora adulta, ela cresceu ora com o pai trabalhando 18 horas por dia e o tempo todo fora de casa, ora com o pai dormindo até tarde e vagabundeando. Mas ela sempre soube que, na maior parte do tempo, eu estava fazendo aquilo que queria.

Gosto de pensar que essas experiências ensinaram a ela o valor de ter dinheiro e a alegria do trabalho quando não somos escravos dele.

Quando ela tinha uns 2 anos, a mãe dela voltou a estudar. Foi quando eu estava procurando um novo negócio e tinha bastante tempo livre.

À noite, enquanto a mãe estava na universidade, minha filha e eu passávamos horas sem fim assistindo a *O rei leão* de novo e de novo. É provável que eu já tenha visto esse filme mais vezes que todos os outros que vi somados. Ainda rimos lembrando as torres de xícaras e as casinhas de blocos de madeira que construímos. Essas horas foram a base do relacionamento que aprendemos a valorizar.

Ainda que eu não tivesse um salário fixo na época, decidimos que minha esposa deveria largar o emprego para se tornar mãe em tempo integral. Embora ela gostasse da ideia, foi uma decisão bem difícil. Assim como eu, ela trabalhava desde cedo e adorava. Sentia que, sem um emprego, não estaria contribuindo para o bem-estar da família.

"Temos o dinheiro do f***-se", eu disse. "Não ligamos para carros chiques ou para uma casa maior. Se você continuar trabalhando, o que poderíamos comprar de mais valioso do que a sua presença em casa com nossa filha?"

Vista por esse ângulo, a escolha era fácil. Ela pediu demissão. Foi de longe a melhor "compra" que já fizemos. Claro, também significou que não teríamos nenhum salário fixo. Porém, durante os três anos em que ambos não tivemos emprego, nosso patrimônio líquido cresceu. Foi a primeira vez que percebemos de verdade que tínhamos ido além do dinheiro do f***-se. Havíamos nos tornado independentes financeiramente.

Quanto a mim, não consegui encontrar um negócio que quisesse comprar, mas a pesquisa que fiz para isso deu origem a um trabalho de consultoria. Alguns anos depois, um cliente me contratou por um salário maior que o do emprego que eu havia largado anos antes. Esse é o preço do fracasso nos Estados Unidos.

Quando nos mudamos para New Hampshire, minha esposa

se ofereceu para ser voluntária na biblioteca da escola primária de nossa filha. O horário permitia a ela acomodar seus outros afazeres e interesses. Depois de alguns anos, a escola quis contratá-la pagando um salário. Não era o trabalho corporativo a que estava acostumada, mas era divertido e zero estressante. Ela nunca se arrependeu da decisão tomada.

Na maior parte dos nossos 34 anos de casamento, pelo menos um de nós esteve trabalhando. Essa situação foi útil para resolver o difícil problema do plano de saúde. No início da década de 1990, quando passamos alguns anos sem emprego fixo, contratamos um plano de saúde catastrófico com franquia alta, mas mensalidade mais baixa. Faz tempo demais para me lembrar dos detalhes, e é provável que eles não se aplicassem à realidade atual. Mas teremos que recorrer a algo parecido se minha esposa decidir se aposentar antes de chegarmos aos 65, quando teremos direito ao seguro de saúde público. Por enquanto ela adora trabalhar com as crianças na escola e tirar as férias que o emprego oferece, o que nos permite fazer aquilo que mais curtimos: viajar.

Como vou detalhar mais à frente, e como o título deste livro indica, nossos investimentos são muito simples.

Você verá que não sou fã da escola de investimento com "múltiplas fontes de renda". Para mim, quanto mais simples melhor. Por isso, não temos gado, ouro nem recebemos royalties.

Em 2011, quando parei de trabalhar e nos acomodamos em nossa independência financeira, ainda tínhamos alguns investimentos remanescentes de épocas passadas. Eram os últimos sobreviventes dos muitos erros que cometi investindo ao longo dos anos. Agora, na aposentadoria, foram os primeiros que esgotamos quando precisamos de dinheiro. Na época em que fiz esses investimentos, eu acreditava que eles teriam um desempenho acima da média. Levei tempo demais para aceitar que essa tarefa é bem difícil. Três coisas nos salvaram:

1. Nossa taxa constante de poupança é de 50%.
2. Nunca financiamos sequer um carro. Evitamos dívidas.
3. Por fim, seguimos as lições de indexação que John Bogle, o fundador da Vanguard e criador dos fundos de índice, aperfeiçoou há décadas.

Em retrospecto, o que me impressiona é a quantidade de erros que cometi ao longo do caminho. No entanto, essas três coisas simples nos levaram aonde queríamos chegar. Isso deveria encorajar qualquer um que tenha tomado decisões ruins e esteja pronto para mudar.

Quando minha jornada começou, eu não conhecia ninguém trilhando um caminho parecido. Não tinha ideia de onde ele ia dar. Não tive ninguém para me dizer que *stock picking*, estratégia de investimentos em que o próprio investidor seleciona os ativos a preços baixos e os vende quando estiverem valorizados, era bobagem. Tampouco tive quem me dissesse que não é preciso partir para o tudo ou nada para alcançar a independência financeira.

Agora estou aposentado (de novo) e me sentindo ótimo. Adoro não ter horário fixo de trabalho. Posso ficar acordado até as quatro da manhã e dormir até meio-dia. Ou me levantar às 4h30 e ver o sol nascer. Posso andar de moto a qualquer momento se o clima permitir ou meus amigos me chamarem. Posso ficar em New Hampshire ou desaparecer por meses na América do Sul. Posso publicar no meu blog quando me sentir inspirado e talvez até escrever mais um ou dois livros. Ou posso me sentar na varanda com uma xícara de café e ler os livros que outras pessoas escreveram.

Um dos meus pouquíssimos arrependimentos é ter passado tempo demais me preocupando com o rumo que as coisas poderiam tomar. É um grande desperdício, mas é da minha natureza. Não faça isso.

Quanto mais envelheço, mais considero cada dia precioso. Pouco a pouco me tornei implacável em remover da minha vida atividades e pessoas que não agregam valor. Ao mesmo tempo, saio em busca e me aproximo daquelas que me dizem algo, com quem eu possa fazer trocas afetivas. O mundo lá fora é grande e belo. O dinheiro é uma pequena parte dele. Mas o dinheiro do f***-se compra a liberdade, os recursos e o tempo para explorá-lo do jeito que você quiser. Aposentado ou não. Aproveite sua jornada.

Primeiro, porém, leia com atenção as observações importantes a seguir.

Observações importantes

OBSERVAÇÃO Nº 1: AS COISAS MUDAM

Em alguns trechos deste livro, citei várias leis e regulamentos e usei valores específicos para definir, por exemplo, taxas de despesas de fundos mútuos, faixas de alíquotas de impostos, limites de contribuição para contas de investimentos e afins. Embora todos estivessem corretos à época, como muitos dados neste mundo eles estão sujeitos a mudanças. Na verdade, tive que atualizá-los diversas vezes enquanto trabalhava no manuscrito.

No momento em que você estiver lendo este livro, algumas informações estarão desatualizadas. Como elas apenas ilustram os conceitos mais amplos que apresento, esse detalhe não deve importar muito. No entanto, se você achar que é relevante para a sua situação, ou se simplesmente tiver curiosidade, reserve um tempo para pesquisar as regras e os valores vigentes em seu país.

OBSERVAÇÃO Nº 2: SOBRE AS PROJEÇÕES E CALCULADORAS USADAS NESTE LIVRO

Nos capítulos 3, 6, 13, 21 e 22 você encontrará vários cenários hipotéticos.

Ao criá-los, precisei primeiro escolher determinada calculadora e, então, parâmetros a serem aplicados. Por definição, isso significa que tais cenários têm como único propósito estabelecer ou demonstrar algo. Embora os dados sejam precisos, os resultados não são, nem poderiam ser, uma previsão do que o futuro reserva.

Em cada caso, o endereço eletrônico da calculadora usada é fornecido junto com as configurações escolhidas. Por exemplo:

- http://dqydj.net/sp-500-return-calculator/
  (Use: Dividends reinvested/ignore inflation [Dividendos reinvestidos/ignorar inflação])

- http://dqydj.net/sp-500-dividend-reinvestment-and-periodic-investment-calculator/
  (Clique em "Show Advanced" [Mostrar Avançado] e marque "Ignore Taxes" [Ignorar Impostos] e "Ignore Fees" [Ignorar Taxas])

- http://www.calculator.net/investment-calculator.html
  (Clique na aba "End Amount" [Montante Final])

Ao executar esses cenários, escolhi:

- Selecionar "Dividendos reinvestidos" porque é isso que os investidores normalmente fazem (e devem fazer) ao investir para gerar riqueza.

- Ignorar a inflação (imprevisível demais), impostos (muito variáveis entre indivíduos) e taxas (também variáveis, além de mínimas, se você escolher os fundos de índice que recomendo).

Se você quiser ver como os números ficam ao incluir qualquer dessas variáveis, recomendo visitar as calculadoras e inserir suas especificações.

Ao executar esses cenários, o período que escolhi na maioria das vezes foi de janeiro de 1975 a janeiro de 2015, pelas seguintes razões:

- É um período considerável (quarenta anos), e este livro defende investimentos de longo prazo.
- 1975 é o ano em que John Bogle lançou o primeiro fundo de índice do mundo, e este livro defende esse tipo de investimento.
- É também, por acaso, o ano em que comecei a investir – não que isso tenha qualquer importância para você.

De janeiro de 1975 a janeiro de 2015, usando os parâmetros que escolhi acima, o mercado dava, em média, um retorno de 11,9% ao ano. Como você aprenderá aqui, o retorno real para qualquer ano variou muito, mas, quando a poeira baixou, nesse período de quarenta anos, a média foi de 11,9%.

É um número impressionante.

Já posso ouvir os pessimistas uivando: de janeiro de 2000 a janeiro de 2009, o mercado não chegou nem perto de 11,9%. É verdade. Nesse período os retornos foram horrorosos: -3,8% com dividendos reinvestidos. Mas esse intervalo abrangeu um dos piores períodos de investimento dos últimos cem anos.

Durante uma das melhores fases, entre janeiro de 1982 e janeiro de 2000, o retorno ultrapassou 11,9%, atingindo em média 18,5% ao ano. Mais recentemente, de janeiro de 2009 a janeiro de 2015, foi de 17,7% ao ano.

O fato é que, em qualquer ano, é extremamente raro que o mercado dê um retorno específico. Além disso, o retorno médio vai variar drasticamente dependendo do período exato que você escolher acompanhar.

Então, isso me levou a um pequeno dilema. O retorno real, verdadeiro, naquele período de quarenta anos foi de 11,9%. Mas, e serei bem claro a esse respeito, *isso de jeito nenhum deve ser usado como um retorno esperado daqui para a frente*.

NÃO estou sugerindo de forma alguma que você possa contar com 11,9% de retorno anual ao planejar seu futuro.

A possibilidade de alguém pensar isso me deixou muito receoso. Por isso cogitei usar um intervalo de tempo diferente. Mas, dadas as variáveis acima, isso resultaria apenas na projeção de uma porcentagem diferente, tão improvável de se concretizar daqui para a frente quanto a que obtive.

Usar o mesmo período de quarenta anos, mas com parâmetros distintos, era outra opção. Os resultados seriam os seguintes:

- Sem reinvestir dividendos: 8,7%.
- Sem reinvestir dividendos + inflação: 4,7%.
- Reinvestindo dividendos + inflação: 7,8%.

No entanto, pelas razões mencionadas acima, esses números pareciam menos úteis, ainda que menos chocantes.

Por um momento cogitei usar uma porcentagem aleatória que parecesse razoável – digamos, 8%. Você encontrará 8% em algumas ilustrações. Costuma-se dizer que o mercado retorna entre 8% e 12% ao ano, e nesses casos usar a porcentagem mínima dessa faixa parecia mais razoável. Ainda assim, trata-se apenas de pegar um número do nada, e quem pode dizer o que é "razoável"? Por fim, usei os incríveis 11,9%. Como se diz, é o que temos. Mas de novo...

NÃO estou sugerindo de forma alguma que você possa contar com 11,9% de retorno anual ao planejar seu futuro.

Estamos apenas fazendo uma pequena análise hipotética para explorar as possibilidades. Se achar 11,9% alto demais – ou baixo demais –, você pode calcular os números usando a porcentagem ou o período que lhe parecer mais razoável.

Seja qual for a sua escolha, ela não refletirá o que acontece a cada ano, ainda que acabe se mostrando relativamente correta ao longo das décadas. Ninguém pode prever o futuro com precisão, e isso é algo a ter em mente sempre que olhar para exercícios como estes.

PARTE I

Orientação

*"A maré está alta,
mas vou me segurando."*

– BLONDIE

CAPÍTULO 1

Dívida: o fardo inaceitável

Alguns anos após terminar a faculdade, consegui meu primeiro cartão de crédito. Era mais difícil obter um naquela época. Bem diferente dos dias atuais, quando até meu poodle desempregado tem sua própria linha de crédito.

No primeiro mês gastei cerca de 300 dólares. Quando veio a fatura, todas as despesas estavam discriminadas, com o total no fim da página. No canto superior direito havia um cifrão e um espaço em branco ao lado dele. Logo abaixo, em negrito, estava escrito: "Pagamento mínimo devido: 10 dólares."

Eu mal conseguia acreditar no que estava vendo. Posso comprar 300 dólares em mercadorias e eles só exigem que eu pague 10 dólares por mês? E ainda posso comprar mais? Uau! Isso é incrível.

Mas, lá no fundo, eu podia ouvir a voz do meu pai: "Se parece bom demais para ser verdade, é." Não "talvez seja" ou "pode ser". É.

Felizmente minha irmã mais velha estava sentada ali perto e me mostrou as letras miúdas. Chamou minha atenção para a parte em que a operadora do cartão planejava cobrar 18% de juros sobre os 290 dólares que eu (tomara!) não pagasse na hora. Como assim? Estavam achando que eu era burro?!

Na verdade a operadora achava isso mesmo. Não era nada pessoal. É uma projeção válida para qualquer pessoa, para todos nós. E infelizmente não está errada.

Pare um segundo e olhe quem está ao seu redor, tanto no sentido literal quanto no figurado.

O que você verá muitas vezes, se observar um pouquinho mais profundamente, é uma aceitação cega do obstáculo mais perigoso que existe à geração de riqueza: a dívida.

Para os profissionais de marketing, é uma ferramenta poderosa. Ela permite que vendam seus produtos e serviços com muito mais facilidade e por muito mais dinheiro do que se esse artifício não existisse.

Você acha que o custo médio de um carro novo chegaria a quase 32 mil dólares sem empresas de financiamento fácil? Ou que uma formação universitária custaria mais 100 mil dólares se não houvesse tanta disponibilidade de crédito estudantil? Pense de novo.

A dívida foi propagandeada, e em grande medida aceita, como uma parte normal da vida, o que não é de surpreender.

É difícil argumentar que a dívida não se tornou "normal". No momento em que escrevo, os cidadãos norte-americanos têm uma dívida total de 12 trilhões de dólares, dividida mais ou menos assim:

- 8 trilhões em hipotecas residenciais.
- 1 trilhão em empréstimos estudantis.
- 3 trilhões em outros empréstimos ao consumidor, como dívidas de cartão de crédito e financiamentos de automóveis.

Enquanto você estiver lendo isto, os números serão ainda mais altos, não há a menor dúvida. E o mais perturbador é que quase ninguém que você conhece olhará para isso como um problema. Porque a maioria enxerga no endividamento uma passagem para uma "vida melhor".

Sejamos claros: este livro foi feito para guiar você rumo à independência. Para ensiná-lo a comprar sua liberdade. Para ajudá-lo a ficar rico e controlar seu destino financeiro.

Observe de novo as pessoas à sua volta. A maioria nunca vai se dar conta do que estou propondo, e o principal motivo é a aceitação da dívida.

Se você pretende alcançar a liberdade financeira, terá que pensar de modo diferente. O primeiro passo é admitir que o endividamento não deveria ser considerado normal, e sim reconhecido como o destruidor perverso e pernicioso do potencial de geração de riqueza que de fato é. Não há espaço para ele na sua vida financeira.

A ideia de que muitas (a maioria, para ser honesto) pessoas parecem felizes em se afundar em dívidas é tão incompreensível para mim que é difícil imaginar como ou por que as desvantagens precisariam ser explicadas. Mas aqui estão algumas delas:

- Seu padrão de vida decai. Esqueça quaisquer aspirações de liberdade financeira. Mesmo que seu objetivo seja consumir ao máximo, quanto mais dívidas você tiver, maior a porção da sua renda que será devorada pelo pagamento de juros. Uma parte (às vezes enorme) do que você ganha já está comprometida.
- Você se torna escravo das suas fontes de renda. Sua dívida precisa ser paga. Sua habilidade prática de fazer escolhas congruentes com seus valores e objetivos a longo prazo fica seriamente restrita.
- Seus níveis de estresse aumentam. Parece que você está sendo enterrado vivo. Os efeitos emocionais e psicológicos de estar endividado são reais e perigosos.
- Você enfrenta o mesmo tipo de emoções negativas que qualquer dependente químico: vergonha, culpa, solidão e, acima

de tudo, desamparo. O fato de ser uma prisão que você criou para si mesmo torna tudo ainda mais difícil.

- Suas opções podem se tornar tão limitadas e seus níveis de estresse, tão altos, que você corre o risco de apelar a padrões autodestrutivos que só reforçam a dependência em gastar. Talvez bebendo ou fumando. Ou, ironicamente, comprando ainda mais. É um círculo perigoso e que se autoperpetua.
- Sua dívida tende a concentrar sua atenção no passado, no presente e no futuro do pior modo possível. Porque você só pensa nos erros do passado, na dor do presente e no desastre que está se aproximando.
- Seu cérebro tende a ignorar o assunto com a vaga esperança de que tudo se resolva de algum jeito mágico. Viver endividado se torna algo enraizado em suas atitudes, seus hábitos, seus valores financeiros.

O QUE FAZER COM A DÍVIDA QUE TENHO?

Embora o mantra aqui seja "evite dívidas a todo custo", se você já está endividado vale a pena avaliar se quitar antes do vencimento é a melhor maneira de usar seu capital. No contexto atual, eis minha diretriz básica:
Se a taxa de juros for...

- Inferior a 3%, vá pagando aos poucos. Dê preferência a direcionar o dinheiro para seus investimentos.
- Entre 3% e 5%, faça o que for mais confortável: use o dinheiro para pagar a dívida ou invista.
- Superior a 5%, pague o mais rápido possível.

Esse tipo de aconselhamento vale se considerarmos apenas os números. Há muitas vantagens em se concentrar no pagamento da dívida e esquecer que ela existiu algum dia. Em especial se você já teve dificuldades em manter o endividamento sob controle.

Vou quitar. E agora?

Incontáveis artigos e livros já foram escritos sobre como se livrar das dívidas. Se após ler este capítulo você sentir que precisa de mais orientação e ajuda, pode recorrer a eles. No entanto, tome cuidado para não deixar que o intuito de seguir os *métodos* atrapalhe a *ação* de fato. A verdade é que não existe um caminho fácil. Mas é bem simples.

Eis o que eu faria:

- Começaria com uma lista de todas as dívidas.
- Eliminaria todos os gastos não essenciais – todos mesmo. Somados, o cafezinho depois do almoço, o jantar, mesmo que não muito caro, e os drinques com os amigos representam uma quantia considerável. Melhor derramar esse dinheiro na fogueira das dívidas que estão destruindo sua vida. Quanto mais dinheiro você despejar, mais cedo as chamas se apagarão.
- Listaria as dívidas de acordo com a taxa de juros.
- Pagaria o mínimo exigido de todas as dívidas e concentraria o restante do dinheiro disponível naquela com a maior taxa de juros.
- Passaria para a segunda dívida com juros mais altos assim que me livrasse da primeira. E seguiria descendo a lista.

Termine de pagar e depois me conte. Farei um brinde a você!

Eis o que eu *não* faria:

- *Não* contrataria um serviço para me ajudar. Isso só acrescenta mais custos, e esses serviços de aconselhamento de crédito não têm fórmulas mágicas ou técnicas para tornar o processo menos doloroso. Só você pode fazer o trabalho.
- *Não* me preocuparia em tentar consolidar os empréstimos em um só lugar, nem mesmo por uma taxa de juros mais baixa. Você quitará esses débitos com rapidez e energia. Assim que eles se forem, sua taxa de juros será *zero*. Esse é o objetivo, e não apenas reduzir a taxa de 18% para 12%. Concentre tempo e atenção em pagar a dívida em vez de explorar estratégias que parecem inteligentes.
- *Não* começaria quitando os empréstimos menores só pelo fator psicológico. Sei que isso é fundamental em certas estratégias populares. Se aumentar a probabilidade de você seguir no caminho certo, que assim seja. Mas, como verá nos próximos capítulos, não sou fã desse tipo de muleta. Melhor adaptar sua atitude às dívidas do que adaptar as estratégias ao seu estado psicológico.

Resumindo, nada extravagante. Basta fazer o trabalho e concluí-lo.

Não será fácil. Simples, sim. Fácil, não.

Exigirá que você ajuste seu estilo de vida e seus gastos de modo a liberar o dinheiro necessário para pagar a dívida.

Será preciso ter muita disciplina para se manter no trilho durante os meses, talvez anos, que você levará para quitar tudo.

Mas aqui está a boa notícia, e ela é mesmo *incrivelmente* boa:

Depois de incorporar esse estilo de vida de gastos mais modestos e direcionar o dinheiro excedente para o pagamento da dívida, você terá criado a plataforma necessária para começar a construir sua independência financeira.

Assim que a dívida for quitada, você só precisará transferir o dinheiro para o investimento que escolher.

Se antes você tinha a satisfação de ver a dívida diminuir, agora terá a alegria de ver a riqueza aumentar.

Não perca tempo. A dívida é uma crise que requer atenção imediata. Se você tiver dívidas neste momento, quitá-las é prioridade. Nada é mais importante que isso.

Observe mais uma vez as pessoas ao seu redor. Para a maioria delas, a dívida faz parte da vida. Mas não precisa fazer parte da sua. Você não nasceu para ser escravo.

ALGUNS AVISOS SOBRE A "DÍVIDA BOA"

De vez em quando, você ouvirá a expressão "dívida boa". Tome muito cuidado quando isso acontecer. Vejamos os tipos mais comuns.

Empréstimos empresariais

Algumas empresas (mas não todas) costumam pegar dinheiro emprestado por diversos motivos, como aquisição de ativos, financiamento de estoque e expansão. Usados com sabedoria, tais empréstimos podem impulsionar um negócio e dar retornos melhores.

Mas o endividamento é sempre uma ferramenta perigosa, e a história do comércio é repleta de empresas que faliram por causa de dívidas.

Lidar de modo inteligente com dívidas desse tipo vai além do escopo deste livro, mas quero apenas avisar que quem usa esse artifício com sucesso age com muito cuidado.

Financiamento imobiliário

Fazer um financiamento para comprar uma casa é a definição clássica de "dívida boa". Mas não tenha tanta certeza disso.

A grande disponibilidade de financiamentos imobiliários faz com que muitas pessoas caiam na tentação de comprar casas de que não precisam ou caras demais. Esse gasto excessivo costuma ser incentivado, de modo vergonhoso, por corretores de imóveis e financeiras.

Se o seu objetivo for a independência financeira, isso implica manter o mínimo de dívidas possível. Também significa que você deve procurar *a menor casa para atender às suas necessidades, e não a maior que você pode tecnicamente pagar.*

Lembre-se: quanto maior o imóvel, maior o custo. Não apenas em termos de parcelas de financiamento mais altas, mas de impostos, seguros, taxas, manutenção e reparos, paisagismo, reforma, mobília e custos de oportunidade em relação ao dinheiro que fica preso enquanto você constrói patrimônio. E esses são apenas alguns exemplos.

Quanto mais itens você acrescentar à sua vida, maior será a parcela de tempo, dinheiro e energia vital que eles demandarão.

Imóveis são uma indulgência cara, não um investimento. Tudo bem se chegar a hora da tal indulgência. Eu mesmo passei por esse momento. Mas não se deixe cegar pela ideia de que todo mundo precisa da casa própria, de que sempre compensa comprar um imóvel do ponto de vista financeiro e de que é justificável assumir essa "dívida boa".

Financiamento estudantil

Quando eu estudava na Universidade de Illinois, entre 1968 e 1972, o custo anual total era de 1.200 dólares. Esse valor cobria tudo: mensalidades, livros, aluguel, alimentação e até algum entretenimento.

Todo verão, eu trabalhava 12 semanas derrubando árvores condenadas. Recebia 20 dólares por dia, seis dias por semana, economizava 100 dólares semanais e, quando chegava o outono, tinha os 1.200 necessários para o ano letivo.

Claro, eu morava em um quarto de uma casa caindo aos pedaços que deveria ter sido interditada pela defesa civil. Arroz branco e ketchup eram meu jantar duas ou três vezes por semana.

Avancemos para 2010-2014, período em que minha filha esteve na faculdade. O custo total por ano foi, em média, 40 mil dólares na Universidade de Rhode Island, também uma faculdade estadual. A Universidade de Nova York, a outra opção, teria custado cerca de 60 mil dólares por ano. Como um ex-colega me disse uma vez, seria como comprar uma BMW nova, usá-la por um ano e jogá-la fora. Em seguida, comprar outra. Por quatro anos consecutivos.

A inflação teve um papel importante. De acordo com o IPC (índice de preços ao consumidor), algo que custava 1 dólar em 1970 pulou para 6,19 dólares em 2014 – seis vezes mais em 44 anos.

No mesmo período, uma formação universitária de quatro anos em uma instituição pública passou de 4.800 dólares para 160 mil dólares – um aumento de 33 vezes.

Não se engane: a facilidade em obter financiamento estudantil inundou o sistema com dinheiro.

As universidades estão e continuam em um boom de construção. Preços mais extravagantes exigem espaços mais sofisticados.

Em 1970, o salário médio de um reitor de universidade girava em torno de 25 a 30 mil dólares por ano. Hoje, a média é cerca de 500 mil dólares, podendo chegar à casa do milhão.

Essa discrepância não apenas aumentou o custo de tudo relacionado à faculdade como também eliminou a possibilidade de viver com pouco dinheiro.

Aquela casa em ruínas onde morei? Derrubada para abrir caminho para novos alojamentos chiques.

Comer arroz e ketchup? Sem problema, meus amigos faziam o mesmo. Era motivo de orgulho. Hoje seria constrangedor, já que todos os seus amigos financiados por empréstimo estudantil saem para comer sushi.

Um dos resultados mais tristes da elevação assombrosa dos custos e do endividamento universitário é a forma como isso distorceu o próprio conceito de ensino superior. Em vez da busca por aprendizado e cultura, ele se tornou a busca por treinamento profissional, em um esforço para garantir um emprego que justifique o custo espantoso e a dívida contraída.

Ainda que aplicada com sucesso, essa estratégia acorrenta os jovens a empregos em que não querem mais estar. A juventude deveria estar construindo e expandindo horizontes, e não presa a grilhões.

Eis o maior problema: ao contrário de outros tipos de dívida, por mais horríveis que sejam, é impossível se livrar do financiamento estudantil.

Ele sobrevive à falência. Perseguirá você até o túmulo. Seu salário, e até mesmo o seguro social, pode ser usado para pagá-lo.

Não é de admirar que os bancos estejam se esforçando ao máximo para fazer esses empréstimos.

Dívidas assumidas por livre e espontânea vontade devem ser pagas. Isso faz parte do conceito de responsabilidade pessoal. Mas questiono a ética de incentivar jovens de 17, 18 anos – com pouca probabilidade de ter conhecimento financeiro – a aceitar esse fardo de maneira quase automática.

Estamos criando uma geração de trabalhadores escravos. É difícil enxergar a ética ou os benefícios disso.

CAPÍTULO 2

Por que você precisa do dinheiro do f***-se

Pouco depois dos ataques do 11 de Setembro, a empresa onde eu trabalhava me demitiu.

Seis meses antes, o presidente da nossa divisão me levou a um almoço de comemoração por um ano recorde. Estávamos crescendo de modo exponencial, com altos lucros. Bebendo uma boa garrafa de vinho, discutimos meu futuro promissor.

Foi o melhor emprego que já tive. Equipe ótima, excelente liderança, muita diversão, um salário maravilhoso. Eu tinha acabado de receber um bônus maior que todos os meus salários anuais até então.

Um ano depois, minha filha e eu estávamos sentados no sofá assistindo ao noticiário. A câmera filmava pessoas aguardando em pé na fila do pão, como na época da Grande Depressão. Eram, disse o repórter, os novos pobres, sofrendo com a perda de emprego durante um novo período sombrio da economia. Eu ainda estava desempregado e lambendo minhas feridas.

– Papai, estamos pobres? – perguntou minha filha, então com 8 anos.

Ela estava muito preocupada.
– Não – respondi. – Está tudo bem.
– Mas você não tem emprego – disse ela.

Aposto que ela pensou que eu estava na mesma situação daquelas pobres almas desempregadas que apareciam na TV. Eu nem fazia ideia de que minha filha sabia o que era um emprego.

– Não tem problema, querida. Temos dinheiro que está trabalhando para nós.

Foram essas as palavras que usei, mas o que estava pensando era: "Foi por isso que me esforcei tanto para garantir o dinheiro do f***-se." Já estava trabalhando para ter essa reserva muito antes de conhecer o termo.

No começo, eu podia até não saber o nome, mas sabia o que era e por que era importante. O dinheiro pode comprar muitas coisas, porém a mais valiosa delas é a liberdade. Liberdade de fazer o que quiser e trabalhar para quem você respeita.

Aqueles que vivem de salário em salário são escravos. Aqueles que carregam dívidas são escravos com grilhões ainda mais pesados. Não pense nem por um instante que seus patrões não estão cientes disso.

Como já disse, para poder negociar férias extras, acumulei o primeiro dinheirinho do f***-se dois anos depois de conseguir meu primeiro emprego profissional. Em 1989, a quantia e a liberdade que proporcionava haviam aumentado substancialmente. Não o suficiente para me aposentar, talvez, mas para dizer f***-se com facilidade, se necessário.

O momento foi oportuno. Eu queria tirar um tempo para procurar e adquirir um negócio. Certa manhã, quando me vi discutindo aos gritos com meu chefe no corredor do escritório, me ocorreu que talvez tivesse chegado a hora.

Eu podia não ter uma Mercedes, mas tinha liberdade para

escolher quando largar um emprego e para não me preocupar quando a escolha não fosse minha.

Bom para mim. Acabei ficando desempregado por três anos após o 11 de Setembro. Sou péssimo em procurar emprego.

CAPÍTULO 3

Todo mundo pode mesmo se aposentar como milionário?

"Será mesmo que todas as pessoas podem ser milionárias quando se aposentam?"

Essa pergunta muito desafiadora foi feita no meu blog há alguns anos. Desde então, ficou pairando na minha mente. A resposta curta é "Sim!", é possível todos os assalariados de classe média serem milionários ao se aposentar. Embora isso nunca vá acontecer. E não é porque os cálculos estejam errados.

Os números nos mostram que, com os rendimentos ao longo do tempo, não é preciso investir muito dinheiro para chegar a 1 milhão de dólares. Nos quarenta anos decorridos entre janeiro de 1975 e janeiro de 2015, o mercado teve um retorno médio anual de aproximadamente 11,9% com dividendos reinvestidos (por volta de 8,7% se você gastou seus dividendos no caminho).[2] Com essa taxa, 12 mil dólares investidos em ações

---

[2] http://dqydj.net/sp-500-return-calculator/
(Use: Dividends reinvested/ignore inflation [Dividendos reinvestidos/ignorar inflação].)

do S&P 500 em 1975 valeriam hoje mais de 1 milhão de dólares (1.077.485 para ser exato).³ Não tem 12 mil dólares disponíveis? Tudo bem. Se começasse em janeiro de 1975 e investisse 130 dólares por mês (1.560 dólares por ano), em janeiro de 2015 você teria 985.102 dólares.⁴ Não exatamente 1 milhão de dólares, mas já seria bastante coisa.

Só se contenta com o milhão inteiro? Aumentando a economia entre 20 e 150 dólares extras por mês – ou 1.800 dólares por ano –, você teria alcançado 1.136.656 dólares.⁵ Seu milhão mais um carrão novo.

Se pararmos para pensar, isso é incrível, considerando todas as turbulências financeiras dos últimos quarenta anos. No entanto, é importante saber que acumular esse bolo de dinheiro leva tempo, por isso é bom começar cedo, quando ainda se é jovem.

Claro, 1 milhão de dólares é uma meta arbitrária. Talvez uma pergunta melhor seja: é possível que todos obtenham independência financeira?

Em alguns blogs como www.earlyretirementextreme.com e www.mrmoneymustache.com, você encontrará inúmeras histórias de pessoas com renda modesta que, por meio de um estilo de vida frugal e muita economia, chegam lá em um intervalo bem curto. Por exemplo, se você conseguir viver com 7 mil dólares por ano, como o autor do livro *Early Retirement Extreme* (O extremo da aposentadoria precoce, em tradução livre), seriam necessários apenas 175 mil dólares, computando uma taxa de retirada anual de 4%.

Lembro-me de almoçar com um amigo pouco antes do Natal de 1995. Ele tinha acabado de receber seu bônus anual: 800 mil

---

³ http://dqydj.net/sp-500-dividend-reinvestment-and-periodic-investment-calculator/ (Clique em "Show Advanced" [Mostrar Avançado] e marque "Ignore Taxes" [Ignorar Impostos] e "Ignore Fees" [Ignorar Taxas].)
⁴ Idem.
⁵ Idem.

dólares. Passou o almoço reclamando que era impossível bancar todas as despesas com um bônus porcaria de fim de ano de *800 mil dólares*. E, o que é de certa forma chocante, ao ouvi-lo listar suas despesas descobri que ele estava certo. Meu amigo torrava mais de 175 mil dólares a cada três meses. A independência financeira era um sonho distante para ele.

O dinheiro é algo muito relativo. Neste exato momento, tenho 100 dólares na minha carteira. Para algumas pessoas (muito ricas), 10 mil dólares valem menos do que isso em relação ao seu patrimônio líquido. Para outras (riquíssimas), 100 mil dólares teriam ainda menos valor. Para outras (os muitos indivíduos miseráveis no mundo), 100 dólares podem ser mais do que ganham em um ano inteiro.

Ter independência financeira significa tanto limitar as necessidades como ter dinheiro. Tem menos a ver com quanto você ganha – pessoas de alta renda muitas vezes vão à falência, ao passo que gente que ganha pouco chega lá – do que com aquilo que você valoriza. O dinheiro pode comprar muitas coisas, e nenhuma delas é mais importante que sua independência financeira. Aqui está a fórmula simples:

Gaste menos do que ganha – invista o excedente – evite dívidas

Como discutimos na Introdução, se fizer apenas isso, você ficará rico. Não apenas de dinheiro. No entanto, se o seu estilo de vida for equivalente à sua renda ou excedê-la, você pode dizer adeus a suas esperanças de independência financeira.

Vamos examinar um exemplo. Suponhamos que você ganhe 25 mil dólares por ano e decida que quer ter independência financeira. Seguindo algumas dicas de estilo de vida dos blogs acima, o ideal seria organizar seu cotidiano de maneira a gastar 12.500 anuais. Duas coisas importantes aconteceriam de imediato: você reduziria suas necessidades e criaria uma fonte de dinheiro para investir. Agora usemos nossas calculadoras para simular alguns cenários.

Supondo que você conquiste a independência financeira quando puder viver com 4% de seu patrimônio líquido a cada ano, precisará de 312.500 dólares (312.500 × 4% = 12.500 dólares). Investindo 12.500 dólares a cada ano (investiríamos no fundo VTSAX – Vanguard Total Stock Market Index Fund Admiral Shares),[6] e presumindo um retorno anual de 11,9% do mercado ao longo dos últimos quarenta anos, você chegaria lá (317.175 dólares) em mais ou menos 11 anos e meio.[7]

Neste ponto, suponhamos que você diga: "Parei de economizar e vou dobrar meus gastos e gastar toda a minha renda de 25 mil dólares a partir de agora. Mas não vou mexer nas minhas economias de 312.500 dólares." Em apenas dez anos, essa quantia chegará a 961.946 dólares[8] sem que você precise acrescentar um centavo. Esse montante rende 38.478 dólares ao ano a uma taxa de retirada de 4%. Agora, você pode parar de trabalhar e também se dar um aumento bastante substancial.

Para simplificar, ignorei os impostos neste momento. No entanto, presumi que você nunca terá um aumento de renda. Além disso, acrescentei as taxas de retirada do VTSAX e de 4%. Não se preocupe, aprofundaremos esse tema um pouco mais à fren-

---

[6] O VTSAX é um fundo de ações administrado pela gestora Vanguard que virou referência de mercado. O autor criou um modelo de carteira que serve de exemplo para qualquer investidor. Por ser americano, ele cita investimentos disponíveis em seu país, mas com a abertura cada vez maior para brasileiros investirem no exterior, é possível replicar essa alocação. Também é possível comparar esses fundos a outros disponíveis no Brasil para construir uma carteira semelhante. (N. do E.)
[7] http://www.calculator.net/investment-calculator.html
(Clique na aba "End Amount" [Montante Final]).
[8] Idem.

te. Por enquanto, estamos apenas fazendo uma análise hipotética para ajudá-lo a ver se seu dinheiro pode comprar algo muito mais valioso do que mercadorias.

Infelizmente poucos enxergarão isso como uma opção. Forças de marketing onipresentes e poderosas tentam ocultar a ideia de que essa escolha existe. Sofremos um bombardeio incessante de mensagens nos dizendo que precisamos muito da mais nova bugiganga e que necessitamos da última tendência da moda. Se não tivermos dinheiro, não tem problema – nos dizem. É para isso que existem cartões de crédito e empréstimos rápidos.

É esse pensamento que torna tão difícil para a maioria das pessoas enxergar como é possível alcançar um patrimônio líquido de 1 milhão de dólares com uma receita de 25 mil. E não se trata de uma conspiração maligna em ação. Trata-se apenas do mercado correndo atrás de suas próprias necessidades. Mas é mortal para a sua riqueza.

A ciência por trás da arte da persuasão é impressionante, e o dinheiro em jogo é enorme. As fronteiras entre a necessidade e o desejo são apagadas de maneira contínua e intencional. Anos atrás, um amigo comprou uma filmadora. Era a melhor que existia, e ele passou a filmar cada momento da vida do filho. Em uma explosão de entusiasmo, ele me disse: "Olha só, Jim, não dá para criar um filho sem uma destas!"

Ah, não. Dá, sim. Bilhões de crianças foram criadas ao longo da história sem nunca terem sido filmadas. Muitas ainda são. Incluindo a minha filha.

Não é preciso ir longe para encontrar alguém que lhe contará sobre todas as coisas sem as quais não consegue viver. É bem provável que você conheça bastante gente assim. Mas, se quiser ficar rico – tanto ao controlar suas necessidades quanto ao expandir seus ativos –, vale a pena reexaminar e questionar essas crenças.

CAPÍTULO 4

Como pensar sobre dinheiro

NÍVEL 1: NÃO TEM SÓ A VER COM OS GASTOS

Pegue uma nota destas, bonita e novinha, ou outra de valor semelhante na moeda do seu país.

Agora a coloque na mesa à sua frente e reflita sobre o que ela significa para você. Por exemplo...

1. Você talvez pense sobre o que poderia comprar com ela agora mesmo. Cem dólares pagam um ótimo jantar para

dois em um bom restaurante. Um par de tênis legais. Um tanque de gasolina para sua picape gigante. Algumas sacolas de mantimentos. Talvez um belo suéter? Não sei. Não compro muita coisa, então esse é um exercício difícil para mim. Acabei, sim, de comprar uma cama extragrande e confortável de 119 dólares para o meu cachorro. Vou devolver. Ele não quer dormir nela.

2. Você talvez pense: "Hum... Eu poderia investir esse dinheiro. Historicamente, o mercado de ações dá um retorno entre 8% e 12% ao ano em média. Eu poderia gastar esse percentual a cada ano e continuar com meus 100 dólares rendendo para mim."

3. Você talvez pense: "Mas a inflação e a oscilação do mercado me preocupam. Vou investir meus 100 dólares, mas gastarei apenas 4% ao ano. Reinvestirei qualquer ganho extra para que meus 100 dólares cresçam e o rendimento acompanhe a inflação."

4. Você talvez pense: "Vou investir esse dinheiro, reinvestir o que render e reinvestir esse rendimento. Daqui a alguns anos, depois que os juros compostos fizerem sua mágica, vou pensar em gastá-lo."

Você pode pensar em variantes, mas ao observar as reflexões acima é fácil notar que uma delas vai mantê-lo pobre, outra vai levá-lo para a classe média, outra o levará um passo adiante e a última o tornará rico.

Pense em Mike Tyson

Ele foi um dos boxeadores mais intimidadores e formidáveis de todos os tempos. Poucos conseguiram dominar melhor o esporte. O mesmo não se pode dizer da batalha de Tyson contra a economia. Depois de ganhar cerca de 300 milhões de dólares, ele acabou falido. Segundo contam, seu estilo de vida, que consumia 400 mil dólares mensais, foi de pouca ajuda. E, como é sempre o caso com quem fica rico de repente sem ter conhecimento sobre finanças, suspeito que tubarões querendo mordiscar pedaços daquela fortuna logo o tenham cercado. Mas a raiz do problema é que, na época, ele entendia o dinheiro apenas como algo para comprar coisas.

Não quero implicar com o sr. Tyson (afinal, não sou maluco). Ele não é o único com esse tipo de atitude em relação ao dinheiro. O mundo está repleto de atletas, artistas, advogados, médicos, executivos, etc. que ganharam uma cascata de dinheiro e, com muita frequência, deixaram a fortuna escoar para os bolsos de outros. Em certo sentido, eles nunca aprenderam a pensar em dinheiro.

Não é difícil. Basta parar de pensar no que o dinheiro pode comprar e começar a raciocinar sobre o que ele pode render. E então pense sobre quanto esse rendimento pode render. Ao fazer isso, você verá que, quando gasta, não apenas o dinheiro se perde para sempre, mas aquilo que ele poderia render também desaparece. É assim que funciona.

Claro que não estou querendo dizer que nunca devemos gastar. Mas quero que você compreenda todas as implicações de gastar seu dinheiro.

Pense em comprar um carro por 20 mil dólares. Qualquer pessoa sabe que, depois de comprar o carro, não terá mais os 20 mil. Pelo menos espero que saiba.

No entanto, parece que a maioria das pessoas não entende

que, ao escolher financiar ou adquirir um empréstimo para comprar o carro, está dizendo: "Não quero pagar 20 mil dólares por este carro. Quero pagar muito, muito mais."

NÍVEL 2: PENSE NOS CUSTOS DE OPORTUNIDADE

Agora eu gostaria que você refletisse sobre este conceito: mesmo que pague à vista, o carro vai custar muito mais que 20 mil dólares. Existe um custo de oportunidade em não ter mais esse dinheiro disponível para trabalhar para você. "Custo de oportunidade" é aquilo de que você abre mão quando compromete o dinheiro com uma coisa (como um carro) em vez de outra (como um investimento), e é fácil quantificá-lo.

Você só precisa escolher um exemplo de como o dinheiro poderia ser investido se decidisse não gastá-lo. Já que falarei muito sobre o fundo VTSAX, vamos usá-lo aqui.

Por enquanto você precisa saber apenas que o VTSAX é um fundo de investimento em ações que fazem parte de um índice da bolsa e, como tal, reflete a média de retorno do mercado, entre 8% e 12% ao ano. Como nosso exemplo, ele nos dá um número tangível a ser usado como custo de oportunidade. Vamos pegar a extremidade inferior da faixa: 8%.

A 8% ao ano, 20 mil dólares rendem 1.600 dólares ao ano. Então, o carro de 20 mil custa na verdade 21.600 dólares – os 20 mil originais mais os 1.600 que poderiam ter rendido. Mas isso é apenas no primeiro ano, e você terá esse custo de oportunidade todos os anos. Ao longo dos dez anos em que talvez você mantenha o carro na garagem, isso equivale a $10 \times 1.600 = 16$ mil dólares. Agora, seu veículo de 20 mil já está custando 36 mil dólares.

No entanto, estamos subestimando esses números. Não levamos em conta o que aquelas parcelas anuais de 1.600 dólares poderiam render por conta própria. Nem o que esses rendimentos acrescentariam à sua conta bancária. E assim por diante.

Se você ainda não estiver deprimido o suficiente, lembre-se de que os 20 mil dólares foram embora para sempre, assim como os 1.600 dólares em ganhos perdidos ano após ano. No final das contas, como é caro esse bendito carro!

É provável que você já tenha ouvido falar na "magia dos juros compostos". Resumindo, a ideia é que o dinheiro que você economiza rende juros. Esses juros também rendem juros. Isso causa um efeito bola de neve à medida que você ganha juros sobre uma quantia cada vez maior de dinheiro. Assim como a bola de neve, ela começa pequena, mas logo passa a crescer de maneira espetacular. É algo magnífico de acompanhar.

Pense no custo de oportunidade como o gêmeo malvado da bola de neve.

Uma das maravilhas de ter independência financeira é que, por definição, você tem dinheiro suficiente para que o poder dos juros compostos seja maior que o custo de oportunidade daquilo que gasta. Depois que tiver o dinheiro do f***-se, você só precisa continuar reinvestindo para superar a inflação e manter seus gastos abaixo do limite que possa ser reabastecido pelas suas economias.

Se ainda não tiver independência financeira e enxergá-la como um objetivo atraente, é bom olhar para os gastos sob o prisma do custo de oportunidade.

NÍVEL 3: COMO PENSAR SOBRE INVESTIMENTOS

Warren Buffett é conhecido por ter dito:

- Regra nº 1: Nunca perca dinheiro.
- Regra nº 2: Nunca se esqueça da regra nº 1.

Muitas pessoas tomam essas frases ao pé da letra e concluem que Buffett encontrou um jeito mágico de entrar e sair do mercado, evitando as quedas inevitáveis. Isso não é verdade e, aliás, ele já se pronunciou sobre a loucura que seria tentar fazê-lo: "O Dow Jones começou o século passado com 66 pontos e terminou com 11.400. Como seria possível perder dinheiro em um período como esse? Muitas pessoas o fizeram porque tentaram ficar entrando e saindo."

A verdade é que, durante a crise de 2008-2009, Buffett "perdeu" cerca de 25 bilhões de dólares, reduzindo sua fortuna de 62 para 37 bilhões (os 37 bilhões restantes são o motivo pelo qual fiquei irritando os amigos dizendo: "Puxa, eu só queria a chance de ter perdido 25 bilhões!").

Assim como todos nós, Buffett não conseguiu prever como o mercado oscilaria. Aliás, por ter consciência de que prever esse tipo de situação é inútil, ele nem tentou.

Mas, ao contrário de muitos outros, Buffett não entrou em pânico e vendeu suas ações. Ele sabia que tais eventos eram esperados. Continuou a investir, uma vez que o declínio acentuado ofereceu novas oportunidades. Quando o mercado se recuperou, como sempre acontece, a fortuna de Buffett teve também um salto. Algo idêntico às fortunas de todos aqueles que se mantiveram nos trilhos. Foi por isso que coloquei "perdeu" entre aspas.

É provável que existam muitos motivos para Buffet não ter entrado em pânico quando aqueles 25 bilhões de dólares, e todo o potencial que eles representavam, escorreram pelo ralo. Sem dúvida ter 37 bilhões restantes foi de grande ajuda. Embora haja outra pista no modo como ele pensa a respeito de investimentos.

Buffett fala em ser proprietário dos negócios nos quais investe. Às vezes ele é dono de uma parte – sob a forma de ações –, outras vezes é dono em sua totalidade. Quando o preço da ação de um de seus empreendimentos cai, Buffett sabe que ainda é proprietário da mesma porção daquela empresa. Desde que o negócio esteja sólido, as flutuações no preço das ações são irrelevantes. Vai subir e descer no curto prazo, mas boas empresas ganham dinheiro de verdade ao longo do caminho. Com isso, o valor de mercado aumenta de modo implacável com o tempo.

Podemos aprender a pensar da mesma maneira que esse grande investidor. Mais uma vez, vamos usar o VTSAX para explorar a ideia.

Suponhamos que ontem você tenha falado: "Hum, ter cotas do VTSAX faz sentido para mim. Vou comprar algumas." Em seguida, enviou à Vanguard um cheque de 10 mil dólares. No fechamento de ontem, o preço da cota do VTSAX era de 53,67 dólares. Seus 10 mil compraram 186,3238308 ações.

Se as cotas do VTSAX estiverem sendo negociadas a 56 dólares na semana que vem, você talvez diga: "Hum, meus 10 mil dólares agora valem 10.434. Iupiii. Collins é inteligente mesmo."

No entanto, se as ações forem negociadas a 52 dólares na semana seguinte, você provavelmente diria: "Droga, meus 10 mil dólares agora só valem 9.689. Collins é um ignorante."

Essa é a típica maneira de os investidores médios entenderem os investimentos. Como pequenos pedaços de papel ou, para ser mais preciso, pequenos bits de dados que aumentam ou diminuem de valor. Se forem apenas isso mesmo, as quedas no preço em qualquer dia podem ser muito, muito assustadoras.

Mas existe um jeito melhor, mais preciso e mais lucrativo de enxergar os investimentos. Separe alguns minutos para entender o que você de fato tem.

A 56 ou 52 dólares por ação, você continua tendo as mesmas 186,3238308 cotas do VTSAX. Isso significa que você tem um pedaço de quase todas as empresas de capital aberto dos Estados Unidos – por volta de 4 mil em 2022.

Quando entender isso de fato, você começará a perceber que, ao adquirir cotas do VTSAX, você conecta seu futuro financeiro àquele grupo grande e diversificado de empresas sediadas no país mais poderoso, rico e influente do planeta. Essas empresas estão cheias de trabalhadores empenhados em prosperar no mundo em constante mudança e em lidar com todas as incertezas que podem surgir.

Algumas dessas companhias irão à falência, perdendo 100% de seu valor. Elas nem precisariam falir e perder todo o seu valor para sair do índice: bastaria encolher até certo tamanho ou o que chamamos de "market cap" (capitalização de mercado).

À medida que desaparecem, as empresas são substituídas por outras mais novas e vigorosas. Algumas terão imenso sucesso, crescendo 200%, 300%, 1.000%, 10.000% ou mais. Não há limite para cima. Enquanto algumas estrelas se apagam, novas sempre surgem. Isso é o que torna o índice – e, por extensão, o VTSAX – "autolimpante", como gosto de dizer.

Se quisesse buscar segurança absoluta (o que é muito diferente do passeio suave que a maioria confunde com segurança), eu manteria 100% de meus investimentos no VTSAX e gastaria apenas os dividendos de 2% que ele gera.

Nada é totalmente certo, mas não consigo pensar em uma aposta mais segura que essa.

Vivemos em um mundo complexo, e a ferramenta mais útil e poderosa para navegar nele é o dinheiro. É essencial aprender a usá-lo. E tudo começa com aprender a pensar sobre ele. Nunca é tarde demais.

Ah, alguém por favor envie ao Mike Tyson uma cópia deste livro. Não é tarde demais para ele também.

CAPÍTULO 5

Investindo em um mercado altamente aquecido (ou em queda)

Em janeiro de 2015, o índice S&P 500, que reúne as 500 maiores empresas do mundo com ações nas principais bolsas de valores dos Estados Unidos, estava em 2.059 pontos, um aumento acentuado a partir de sua baixa de março de 2009, em torno de 677. Essa é a própria definição de um mercado bastante aquecido. Se você estiver pensando em investir uma nova quantia que ganhou ou em vender e esperar um pouco, são momentos como esse que testam seus princípios e suas crenças de investimento.

Eis alguns dos meus:

- É impossível adivinhar os movimentos de mercado, independentemente de todos os gurus cheios de credenciais na TV e de outros tipos semelhantes que afirmam serem capazes de fazer isso.
- O mercado é a ferramenta de geração de riqueza mais poderosa de todos os tempos.

- O mercado sempre sobe, mas o caminho é sempre selvagem e turbulento.
- Como não podemos prever as oscilações, precisamos fortalecer nosso espírito para atravessar as turbulências.
- Meu desejo é que o dinheiro trabalhe o mais duro possível, o mais rápido possível.

Para investidores iniciantes, é muito difícil não olhar para as oscilações anteriores do mercado e pensar: "E se?" Se eu tivesse vendido quando estava em alta, se eu tivesse comprado quando caiu? Mas desejar não torna isso possível.
Desde que lancei o blog www.jlcollinsnh.com, em 2011, o mercado esteve bastante aquecido, superando uma de suas grandes baixas. Volta e meia, recebo perguntas e preocupações como estas:

- "Agora é um bom momento para investir, antes de uma possível queda do mercado de ações?"
- "... muita gente parece pensar que o mercado de ações quebrará em breve."
- "Meu temor é entrar na hora errada."
- "Talvez esteja investindo antes de uma quebra no mercado de ações..."
- "Meu medo me segurou por meses, mas sinto que estou perdendo por esperar."
- "Só quero começar bem, não mal."
- "Talvez eu devesse esperar até depois da quebra para não perder nenhum centavo."
- "Estou com muito medo, pois sou novo demais nisso..."

Se o mercado estivesse mergulhando em uma de suas baixas periódicas, as perguntas e o estado psicológico dos investidores seriam quase iguais:

- "Devo esperar até que o mercado chegue ao fundo do poço para então investir?"

Tudo isso está relacionado ao medo e à ganância, as duas principais emoções que impulsionam os investidores. O medo é compreensível. Ninguém quer perder dinheiro. Mas, até que você o domine, esse medo será letal para a sua riqueza. Ele o impedirá de investir. Quando você tiver investido, ele fará você sair correndo em direção à saída toda vez que o mercado cair. E ele cairá – várias vezes, em sua marcha incessante para o alto. A maldição do medo é que ele o levará a entrar em pânico e vender quando você deveria esperar. O mercado é volátil. Quebras, retrocessos e ajustes são normais. Não são o fim do mundo, nem mesmo o fim da ascensão infindável do mercado. São partes do processo, algo esperado.

É inevitável (discutiremos isso na Parte II) que haja uma grande quebra da bolsa a caminho, e outra depois dela. Ao longo das décadas em que você investirá, inúmeras correções e retrocessos menores ocorrerão. Aprender a conviver com essa realidade é fundamental para ser bem-sucedido ao investir a longo prazo. E investir a curto prazo é, por definição, especular.

Portanto, se sabemos que uma quebra está para acontecer, por que não esperar para investir? Ou, se já tivermos um investimento, por que não vender, esperar até a queda e, em seguida, voltar? A resposta é: porque não sabemos quando a quebra ocorrerá ou terminará. Ninguém sabe.

Você deve ter ouvido falar que, para muitas pessoas, uma quebra na bolsa é iminente. É verdade, mas outras dizem que estamos apenas no início desse boom e que nunca mais veremos o índice S&P tão baixo. Todos os dias, especialistas respeitados preveem esses dois extremos. Quem está certo? Não sei. Todos estão prevendo o futuro, e ninguém pode fazer isso de modo confiável.

Então, por que tantas previsões? Porque altas e quedas são emocionantes! Se acertar, sua fama em Wall Street e na televisão está feita. Prever o futuro aumenta a audiência, em especial se as previsões são extremas. Preveja o índice Dow Jones subindo para 25.000 ou caindo para 5.000 e as pessoas ficarão interessadas. Os gurus e os programas de TV ganham muito dinheiro com essas profecias.

Para investidores sérios, porém, é um ruído inútil e perturbador. Pior: prestar atenção nessas previsões pode ser perigoso para a sua riqueza. E para a sua sanidade.

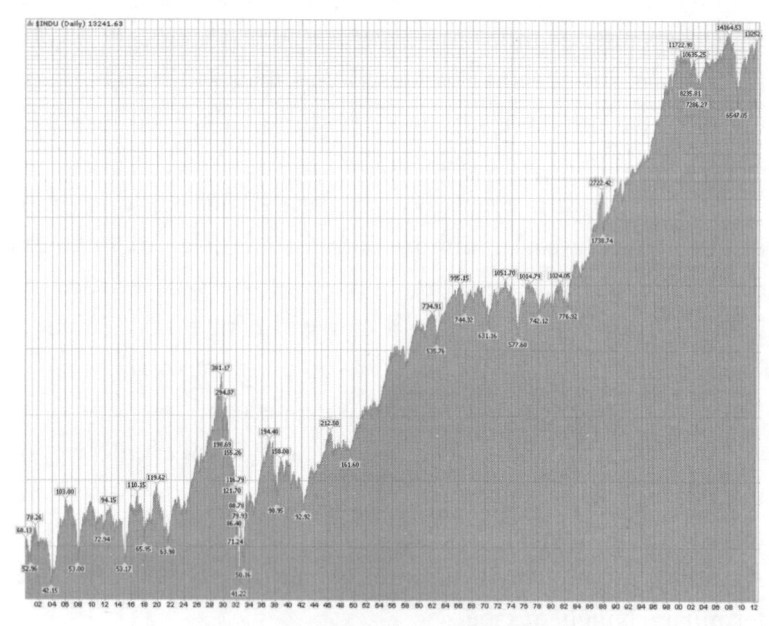

Dow Jones Industrial Average (DJIA), 1900-2012
Crédito: www.stockcharts.com

A história pode ajudar, mas apenas em escalas mais amplas. Você consegue observar isso no gráfico. O mercado de ações sempre sobe. Há razões poderosas para que aconteça. Posso dizer – com certeza quase absoluta – que daqui a vinte anos o mercado estará mais alto que hoje. Eu diria até, com alto grau de confiança, que daqui a dez anos já estará mais elevado. Cento e vinte anos de história de mercado comprovam isso.

No entanto, essa crença não nos diz nada sobre o que os próximos dias, semanas, meses ou até anos trarão.

Eis o problema. Não há como saber onde estamos na linha do tempo.

Dê outra olhada no gráfico. Poderíamos estar em um momento semelhante a janeiro de 2000, quando o mercado atingiu o pico e, em seguida, perdeu quase metade de seu valor? Ou em julho de 2007, quando ocorreu o mesmo? Claro, é fácil ver esse padrão em retrospecto.

Ou será que esse padrão se esgotou e agora nos encontramos em um período mais parecido com a época em que o mercado ultrapassou 1.000, 2.000, 3.000, 4.000 ou 5.000? Quando cada nível foi ultrapassado para sempre? Não sei.

O que sabemos é que cada um desses marcos foi superado em momentos como hoje, quando as pessoas estavam tão convencidas quanto agora de que o mercado estava alto demais e pronto para uma quebra.

Dito isso, suponhamos que no exato momento em que eu escrevo este livro, a 2.102 pontos,[9] o S&P 500 está em um pico e prestes a despencar. Talvez um gênio da lâmpada nos tenha informado sobre a questão.

É claro que vamos vender (ou pelo menos não comprar). Mas e agora? Desejamos os ganhos que só o mercado pode oferecer. Então queremos voltar em algum momento. Quando? Será que esse recuo será de 10%? Neste caso, o ideal é comprarmos em 1.892, algo assim.

---

[9] Em abril de 2022, o S&P estava em aproximadamente 4.100 pontos, portanto quase o dobro de quando o autor escrevia o livro, número que novamente suscita o questionamento sobre o pico do índice. (N. do E.)

E se for um declínio de 20%, a definição oficial de um mercado em queda? Então o ideal é não comprar até 1.682.

Mas e se fizermos isso e, no fim das contas, for uma quebra? Droga! Nesse caso, deveríamos ter esperado até que chegasse a 1.200 ou menos. Cadê aquele maldito gênio quando precisamos dele?

A questão é que, para jogar bem essa brincadeira de tentar acertar o movimento de mercado, ainda que em uma única ocasião, precisamos acertar duas vezes: primeiro, para adivinhar a alta; depois, a baixa. E é preciso ser capaz de fazer isso repetidamente. O mundo está cheio de investidores tristes que acertaram o primeiro número e esperaram enquanto o mercado se recuperava e logo ultrapassava seu antigo recorde.

Prever o mercado é um jogo impossível de vencer ao longo do tempo. Como posso ter tanta certeza? Simples:

> *A pessoa capaz de fazer isso de modo consistente seria muito mais rica que Warren Buffett, e duas vezes mais celebrada.*

Nada, nada mesmo, seria mais lucrativo que essa habilidade. Isso é o que a torna tão sedutora. É por isso que os gurus afirmam o tempo todo terem essa aptidão, ainda que seja apenas um pouquinho dela. Ninguém tem. Não de verdade. Não de uma forma consistentemente útil. Acreditar no Papai Noel é mais lucrativo. Encontrar unicórnios é mais provável.

Mas não me importo com o fato de essa previsão ser impossível. Com o exemplo a seguir, vamos demonstrar com o que eu me importaria se fosse você.

Suponhamos que você tenha 30 anos, o que significa que tem muito tempo à frente para investir. Eu voltaria a olhar aquele gráfico para observar que, há sessenta anos, o Dow Jones estava por volta de 250. Em janeiro de 2015, estava em 17.823.[10] Isso ocorreu ao longo de décadas de turbulência e desastres financeiros, como os que advirão nos próximos anos.

Se você considerar apenas os últimos vinte anos e a história do S&P 500, verá que em janeiro de 1995 estava por volta de 500. Em janeiro de 2015, atingiu 2.059.[11] Isso inclui o período entre 2000 e 2009, uma das piores fases da história do mercado, que culminou em uma quebra inferior somente à Grande Depressão.

É aqui que se encontra a verdadeira magia. O poder que o mercado de ações tem de construir riqueza ao longo do tempo é de tirar o fôlego.

Se você investir hoje, ou em algum momento no futuro, garanto que sua riqueza será cortada pela metade mais de uma vez ao longo dos anos. Haverá muitos outros contratempos. Nunca é divertido – mas faz parte do processo, e é o preço que você e todos os outros devem pagar para usufruir os benefícios.

Assim, a pergunta certa não é "Devo investir em ações agora?". É "Devo investir em ações?".

Até que você se sinta confortável com essa dura realidade, a resposta é não. Até que você tenha certeza de que consegue observar seu patrimônio derreter e se manter nos trilhos, a resposta é não. Até que você aceite os riscos que vêm com as recompensas que busca, a resposta é não.

No final, só você pode decidir.

Investir não precisa ser tudo ou nada. Se você estiver disposto a abrir mão de algum desempenho, existem maneiras de suavizar um pouco o percurso. Isso pode ser feito com alocação de ativos, que discutiremos no Capítulo 14.

---

[10] Em abril de 2022, o Dow Jones chegou à marca de 33.000 pontos. (N. do E.)
[11] Em abril de 2022, o S&P bateu a marca de 4.100 pontos. (N. do E.)

Observação:

Ao fazer referência ao desempenho do mercado neste capítulo, você talvez tenha notado que uso tanto o Dow Jones quanto o S&P como índices. Prefiro o S&P porque é mais amplo e, portanto, um pouco mais preciso. Mas o Dow Jones tem um histórico maior e é mais útil (e está disponível) para a visão a longo prazo. Se você sobrepuser os gráficos ao longo do tempo, verá que os dois rastreiam o mercado com uma consistência notável, o que os torna indistinguíveis para nossos objetivos.

PARTE II

Como aproveitar a mais poderosa ferramenta de acúmulo de riqueza

"A simplicidade é a chave para a verdadeira elegância."
– COCO CHANEL

CAPÍTULO 6

Uma quebra terrível do mercado se aproxima e nem os economistas famosos podem salvar você

Há alguns anos eu estava me sentindo um pouco irritado. Havia lido um artigo em uma famosa revista de economia, e folhear aquelas páginas já foi o bastante para acabar com a minha paciência.

O artigo em questão era uma entrevista com um economista célebre, professor de finanças de uma universidade conhecida e prestigiosa. Havia fotos impressionantes do bom professor parecendo sério e imponente.

Para começar a Parte II de nossa jornada financeira juntos, vou contar um pouco do que ele disse e por que está errado. É algo típico da "sabedoria comum" que você encontrará fora deste livro e, ao explorá-la juntos, abordaremos alguns pontos-chave que serão detalhados à frente.

Sobre a quebra do mercado que está se aproximando, não se preocupe. Também vou mostrar por que isso não tem importância.

Para ser justo com o economista famoso, não tenho nada contra a maioria de suas ideias. É possível que, nos pontos dos quais discordo, tenha sido o pessoal da revista que não conseguiu transmiti-los direito. Talvez não tenham colocado a ênfase no lugar correto. Quem sabe um dia esse economista e eu daremos boas risadas enquanto tomamos um café debatendo o assunto. Ou não.

Na entrevista, o professor afirma que a consagrada hipótese dos mercados eficientes – segundo a qual os preços das ações incorporam e refletem todas as informações relevantes de maneira quase instantânea – está se transformando no que ele chama de "hipótese dos mercados adaptativos". A ideia é que, com as novas tecnologias de negociação, o mercado se tornou mais rápido e volátil. E isso significa um risco maior. É verdade. Até agora, tudo certo.

Em seguida, ele explica que isso significa que a estratégia de "comprar e manter os investimentos não funciona mais". O entrevistador da revista então aponta – e ponto positivo para ele – que, mesmo durante a "década perdida" dos anos 2000, a estratégia de comprar e manter ações teria dado um retorno de 4%.

O professor responde: "Pense em como essa pessoa ganhou 4%. Ela perdeu 30%, teve uma grande recuperação e assim por diante, e a taxa composta de retorno... foi de 4%. Mas a maioria dos investidores não esperou a poeira baixar. Depois da primeira perda de 25%, a pessoa reduziu suas participações e só recuperou parte delas bem depois que o mercado teve uma retomada. É o comportamento humano."

Calma! Premissa correta, conclusão errada. Voltaremos a isso em um instante.

Revista: "Então, qual escolha eu teria de fazer?"

Professor: "Estamos em um período difícil de nossa indústria, no qual não desenvolvemos boas alternativas. Sua melhor aposta é manter uma variedade de fundos mútuos com taxas relativamente baixas e tentar gerenciar a volatilidade dentro de uma extensão razoável. Você deve diversificar não apenas com ações e títulos, mas em todo o espectro de oportunidades de investimento: ações, títulos, moedas e commodities, tanto dentro como fora do país."

Revista: "O governo tem papel na prevenção dessas crises?"

Professor: "Não é possível evitar crises financeiras."

Nos comentários on-line do artigo, um leitor chamado Patrick acertou em cheio: "Então os mercados são eficientes, exceto quando não o são. E comprar e segurar não funciona porque a maioria das pessoas abandona a estratégia na hora errada. Sabedoria ok, mas isso é novidade?" Nota 10 para você, Patrick.

Pior ainda é a recomendação do professor de manter "todo o espectro de oportunidades de investimento". Essa é a solução dele para lidar com o novo mundo dos investimentos que sua "hipótese dos mercados adaptativos" sugere?

Já que ele afirma que "comprar e manter" não funciona mais, parece estranho sugerir que os investidores comprem e retenham quase todos os tipos imagináveis de ativos. Como assim?

Aceitemos a premissa do professor de que os mercados se tornaram mais voláteis e o mais provável é que sigam desse modo. Não tenho certeza se acredito nisso, mas tudo bem, ele é o economista credenciado. Também podemos concordar que o investidor comum tende a entrar em pânico e tomar decisões ruins, ainda mais quando os gurus estão alinhados com uma mesma opinião. Concordamos que não é possível prevenir crises financeiras. Há mais delas por vir.

Então, a pergunta mais importante é: qual é a melhor forma de lidarmos com isso?

O professor (e muitos como ele) diz:

Trate os sintomas.

Ele adota o padrão muito comum de ampla alocação de ativos. Sugeriria que investíssemos em tudo e esperássemos que um ou dois desses filhotes sobrevivesse. Fazer isso da forma correta daria um trabalhão. Seria necessário entender todas as diversas classes de ativos, decidir qual porcentagem manter de cada um deles e escolher como adquiri-los. Depois seria preciso acompanhá-los, reequilibrando conforme necessário.

O resultado de todo esse esforço é garantir um desempenho abaixo da média ao longo do tempo, oferecendo a esperança pálida de uma segurança maior. Lembro-me da citação: "Aqueles que trocariam a liberdade pela segurança não merecem nenhuma das duas." Eu digo:

Trate de criar coragem e curar seu mau comportamento.

Isso significa que você precisa reconhecer o estado mental contraproducente que causa más decisões de investimento – como a venda em decorrência do pânico – e corrigi-lo por conta própria. Ao fazer isso, seus investimentos serão muito mais simples e seus resultados, muito mais sólidos.

Para começar, você deve entender algumas coisas sobre o mercado de ações:

1. Quebras de mercado são esperadas.

    O que aconteceu em 2008 não foi algo inédito. Já ocorreu antes e voltará a ocorrer. Várias vezes. Nos quarenta anos desde que comecei a investir, tivemos:
    - A grande recessão de 1974-1975.

- A enorme inflação do final dos anos 1970 e início dos anos 1980. Levante a mão se você se lembra dos broches WIN (Whip Inflation Now – ou Acabe com a Inflação Agora). Os juros de financiamento imobiliário passavam de 20%. Era possível comprar Notas do Tesouro de dez anos pagando 15% ou mais.
- A infame capa da *Business Week* de 1979: "A Morte das Ações", que, como se viu, marcou o início do mercado mais aquecido de todos os tempos.
- A quebra de 1987, incluindo a Segunda-Feira Negra, a maior queda em um único dia da história. Os corretores foram literalmente para o peitoril das janelas, e alguns de fato pularam.
- A recessão do início dos anos 1990.
- A bolha da internet no final dos anos 1990.
- O fatídico 11 de Setembro.
- E aquele pequeno desentendimento em 2008.

2. O mercado sempre se recupera. Sempre. E, se algum dia não acontecer de se reerguer, nenhum investimento será seguro e nenhuma dessas ideias financeiras vai importar de qualquer forma.

Em 1974, o Dow fechou em 616 pontos. No final de 2014, estava em 17.823.[12] Ao longo desse período de quarenta anos (de janeiro de 1975 a janeiro de 2015), cresceu, com dividendos reinvestidos, a uma taxa anual de 11,9%.[13] Se você tivesse investido 1.000 dólares e deixado lá, eles

---

[12] http://www.mdleasing.com/djia-close.htm
[13] http://dqydj.net/sp-500-return-calculator/
(Use: Dividends reinvested/ignore inflation [Dividendos reinvestidos/ignorar inflação].)

teriam se transformado em 89.790 dólares[14] no início de 2015. Um resultado impressionante passando por todos aqueles desastres já descritos.

Tudo que você teria que fazer era tomar coragem e deixar as coisas correrem. Pare um momento e absorva essa informação.

Todo mundo ganha dinheiro quando o mercado está subindo. Mas o que determina se isso o tornará rico ou o deixará sangrando na beira da estrada é o que você faz quando o mercado entra em colapso.

3. O mercado sempre sobe. Sempre. Aposto que ninguém lhe contou isso antes. Mas é verdade. Entenda que isso não quer dizer que seja uma subida suave. Não é. Na maioria das vezes, a estrada é sinuosa e esburacada. Mas ela sempre, e quero dizer sempre, leva para cima. Não todo ano. Não todo mês. Não toda semana e não todo dia. Mas pare um momento e olhe de novo para o gráfico do capítulo anterior. A tendência é implacável, atravessando repetidos desastres, sempre subindo.

4. O mercado de ações é a classe de investimento com melhor desempenho no tempo. Nenhuma outra se compara a ele.

5. Os próximos dez, vinte, trinta, quarenta, cinquenta anos trarão tantos colapsos, recessões e desastres quanto o passado. Como diz o bom professor, não é possível evitá-los. Toda vez que isso acontecer, seus investimentos sofrerão

---

[14] https://dqydj.com/sp-500-periodic-reinvestment-calculator-dividends/
(Clique em "Show Advanced" [Mostrar Avançado] e marque "Ignore Taxes" [Ignorar Impostos] e "Ignore Fees" [Ignorar Taxas]).

um impacto. E será sempre muito assustador. E todos os espertos gritarão: "Venda!" E apenas poucas pessoas com coragem suficiente se manterão nos trilhos e prosperarão.

6. Você tem que criar coragem, aprender a ignorar o barulho e atravessar a tempestade, adicionando *ainda mais* dinheiro aos seus investimentos à medida que for avançando.

7. Para ser forte o suficiente e se manter nos trilhos, você precisa saber que haverá coisas ruins – intelectual e emocionalmente. Você precisa estar ciente disso. Esses eventos vão acontecer. E vai doer. Mas, assim como nevascas no inverno, nunca deveriam surpreender. E, a menos que você entre em pânico, eles não terão importância.

8. Uma grande quebra do mercado está prestes a acontecer. E haverá outra depois dessa. Que oportunidades de compra maravilhosas elas serão.

Digo à minha filha de 24 anos que, durante o período como investidora, ela pode prever colapsos financeiros no nível de 2008 a cada 25 anos, mais ou menos. Isso significa que há dois desses eventos de "fim do mundo" econômico esperando por ela – e por você. Colapsos menores ocorrerão com ainda mais frequência.

A questão é que *crashes* como esses nunca são o fim do mundo. Fazem parte do processo. Assim como todo o pânico que os cerca. Não se preocupe. O mundo não vai acabar durante o nosso turno. É arrogância pensar que isso vai acontecer.

Ao longo desses mesmos anos, minha filha também verá momentos de mercado bastante aquecido. Alguns para além de qualquer lógica.

Quando isso ocorrer, a mídia especializada dirá que "desta vez é diferente" com a mesma confiança de quando alegou que o fim havia chegado. Estará errada mais uma vez.

Nos próximos capítulos, discutiremos por que o mercado sempre sobe, e direi como investir em cada fase de sua vida, ficar rico e se manter rico. Você não vai acreditar como é simples. Mas será preciso muita coragem.

CAPÍTULO 7

O mercado sempre sobe

Em 1987, no que mais tarde ficaria conhecido como Segunda-Feira Negra, telefonei para meu corretor no final de um dia muito agitado. Lembre-se de que isso aconteceu quando todos ainda tinham corretores da bolsa. Na era tenebrosa antes de celulares, computadores pessoais, internet e investimentos on-line.

– Oi, Bob – falei, alegre. – Tudo bem?

Houve um longo momento de silêncio.

– Você está brincando – disse ele.

A voz dele parecia terrível.

– Brincando sobre o quê?

– Jim, acabamos de ter o maior colapso da história. Os clientes estão gritando comigo o dia todo. Está todo mundo em pânico. O mercado caiu mais de 500 pontos. Mais de 22%.

Esse foi o instante em que me sintonizei com o restante do planeta, ficando bem atordoado. É difícil descrever a sensação exata daquele momento. Nem mesmo na Grande Depressão houvera um dia como esse. E não houve outro igual desde então. Parecia de verdade o fim do mundo financeiro.

Mais ou menos uma semana depois, a capa da revista *Time* trazia uma manchete enorme declarando:

A quebra
*Depois de uma semana feroz em Wall Street,
o mundo está diferente*

A revista estava errada. Quebras, ainda que dessa magnitude, são parte normal do processo.

Assim como qualquer investidor instruído, eu sabia que o mercado era volátil. Tinha ciência de que, em sua marcha implacável para o alto, poderia haver – e haveria – quedas bruscas, correções e mercados em baixa. Sabia que o melhor caminho era me manter firme e não entrar em pânico. Mas uma situação igual a essa? Era algo inédito.

Segurei firme por três ou quatro meses. As ações continuaram a afundar cada vez mais. Eu sabia que era normal, mas tinha essa consciência apenas no nível intelectual. Ainda não havia adaptado meus instintos o suficiente. Por fim, perdi a coragem e vendi.

Não fui forte o bastante. No dia em que vendi, o mercado chegou ao fundo do poço, ou tão próximo dele que não fazia diferença. Então, claro e como sempre, retomou sua inevitável subida. O mercado sempre sobe.

Levei um ano ou mais para recuperar a coragem e voltar a investir. A essa altura, o pico pré-Segunda-Feira Negra já havia sido ultrapassado. Eu tinha conseguido estancar minhas perdas e pagar uma taxa para retornar ao jogo. Custou caro. Foi idiota. Foi uma constrangedora covardia.

O erro que cometi em 1987 me ensinou a resistir a todas as tempestades que surgiram desde então, entre elas o furacão financeiro em escala 5 em 2008, com a crise dos empréstimos que se iniciou nos Estados Unidos e se espalhou pelo mundo. Ensinou-me a ser firme e, no fim das contas, me fez ganhar muito mais dinheiro que o custo de um diploma universitário – que, para falar bem a verdade, foi bastante caro.

Como disse um dos leitores do meu blog: "A gente se manteve nos trilhos, com o pânico viajando ao nosso lado."

É uma ótima frase, e a viagem pelos mesmos trilhos é sempre acompanhada por um pouco de pânico. É por isso que precisamos ser firmes.

Aqui está o gráfico da história do mercado de ações de novo:

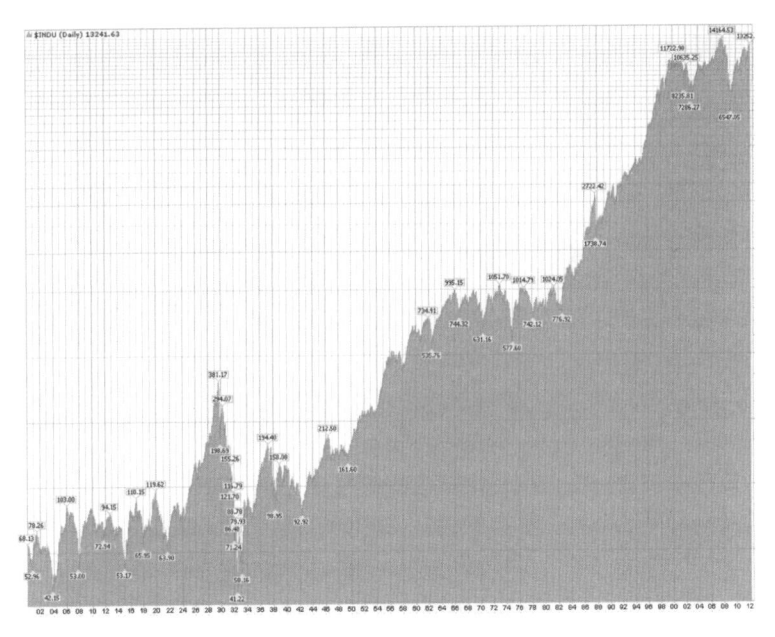

Dow Jones Industrial Average (DJIA), 1900-2012
Crédito: www.stockcharts.com

Você é capaz de achar meu pequeno desvio em 1987? Está lá e é fácil de detectar, mas não parece tão assustador quando contextualizado. Pare um momento para digerir esse gráfico. Observe três coisas:

1. Desastre após desastre, o mercado sempre acaba chegando cada vez mais alto ao longo do tempo.
2. O passeio é turbulento.
3. Um acontecimento grande e feio vira só um pontinho.

Falemos primeiro sobre as boas notícias. Lidaremos com os outros aspectos mais tarde.

Para entender por que o mercado sempre sobe, precisamos examinar um pouco mais de perto o que ele de fato é.

Empresas de capital aberto emitem ações que podem ser adquiridas por indivíduos e organizações. Quando compra ações de uma empresa, você passa a ser dono de uma parte dela. O mercado de ações é composto por todas as empresas que são negociadas publicamente.

O gráfico representa o índice DJIA (Dow Jones Industrial Average). Estamos analisando o DJIA porque é o único grupo de ações criado para representar todo o mercado com um histórico tão grande. Em 1896, um sujeito chamado Charles Dow selecionou doze ações das principais indústrias americanas para criar seu índice. Hoje, o DJIA é formado por trinta grandes empresas americanas.

Mas agora vamos trocar o índice DJIA, que apresentei apenas por sua longa perspectiva histórica, por um mais útil e abrangente: o CRSP U.S. Total Market Index.

Não deixe que esse nome técnico o assuste. Para nossos objetivos aqui, você só precisa entender que se trata de um índice de quase todas as empresas de capital aberto nos Estados Unidos. E, o que é mais importante, esse é o índice que a Vanguard usa hoje para formular seu fundo de índice total do mercado de ações, o VTSAX. Propositalmente, eles são quase iguais. Uma vez que podemos investir no VTSAX, passarei a usá-lo como nosso representante para o mercado de ações em geral. Em abril de 2022, e isso varia, o VTSAX incluía mais de 4 mil ações diferentes. Isso significa que, quando tem cotas do VTSAX, você é proprietário de um pedaço de todos esses negócios.

Em 1976, John Bogle, o fundador da Vanguard, lançou o primeiro fundo de índice do mundo. Ele seguia o índice S&P 500, permitindo que os investidores detivessem uma porção das cerca de quinhentas maiores empresas dos Estados Unidos em um único fundo de baixo custo. De maneira instantânea, ele se tornou a melhor ferramenta para tirar proveito da escalada implacável do mercado.

Então, em 1992, a Vanguard criou o Total Stock Market Index Fund (Fundo de Índice Total do Mercado de Ações). Com esse fundo, os investidores passaram a ter a possibilidade de ser donos de uma parte não apenas das quinhentas maiores empresas, mas de quase todo o mercado de ações norte-americano.

Uma observação rápida sobre algo que pode ser confuso: o Fundo de Índice Total do Mercado de Ações da Vanguard tem múltiplas variedades, o VTSAX, o VTSMX, o VTI, entre outros. Falaremos por que e como variam um pouco mais à frente. O importante agora é entender que todos têm o mesmo portfólio, que usa aquele índice CRSP. Em essência, são iguais. O VTSAX é conhecido como a versão "Admiral Shares". É o que eu tenho pessoalmente, e é por isso que estou usando-o aqui.

Agora que sabemos o que o mercado de ações é de fato, podemos observar no gráfico que ele sempre sobe. Paremos um pouco para refletir: como é possível? Existem dois motivos básicos:

1. O MERCADO É AUTOLIMPANTE.

Dê uma olhada nas trinta ações do DJIA. Quer tentar adivinhar quantas das 12 originais ainda estão nele? Apenas uma. A General Electric. A maioria das trinta empresas de hoje não existiam quando o sr. Dow elaborou sua lista. A maior parte dos negócios originais atingiu seu ápice, desapareceu ou se transformou em algo novo. Este é um ponto crucial: o mercado não é estagnado. Empresas desaparecerem e serem substituídas por sangue novo é algo rotineiro.

Isso também se aplica ao VTSAX. Ele tem ações de quase todas as empresas negociadas publicamente em bolsa de valores dos Estados Unidos. Agora, imagine esses mais de 4 mil negócios ao longo de um gráfico clássico de curva de sino que descreve o desempenho anual de suas ações.

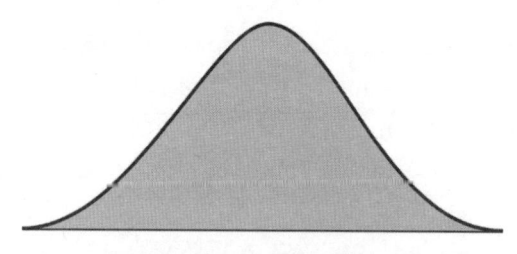

Gráfico genérico de curva de sino

Os poucos à esquerda terão o pior desempenho. Os poucos à direita, o melhor. Entre os dois extremos, todo o restante dos negócios terá um desempenho variado.

Qual é o pior desempenho possível de uma ação ruim? Perder 100% de seu valor, fazendo com que seu preço caia a zero. Nesse caso, é claro, ela desaparece e nunca mais ouvimos falar dela.

Agora vamos pensar sobre o lado direito da curva. Qual é o melhor desempenho que uma ação pode ter? Cem por cento de retorno? Sem dúvida, isso é possível. Mas 200%, 300%, 1.000%, 10.000% ou mais também o são. Não há limite para subir. O resultado líquido é um poderoso viés para cima.

Se usássemos esse modelo para todas as ações no VTSAX, descobriríamos que, à medida que algumas estrelas desaparecem, novas empresas são criadas, crescem, prosperam e abrem capital na bolsa. Esse processo do novo substituindo o morto e o agonizante é o que torna o mercado (e, consequentemente, o VTSAX) autolimpante.

Mas observe que isso só funciona com fundos de índice de base ampla. Quando os "gestores profissionais" começam a tentar contornar o sistema, é uma loteria. Eles podem – e é o que acontece na maioria das vezes – tornar as coisas muito piores, e sempre cobram mais taxas para isso. Vamos conversar um pouco mais sobre esse tema no capítulo seguinte.

2. Ter ações é ser proprietário de uma parte de empresas vivas e dinâmicas, cada uma se esforçando ao máximo para ser bem-sucedida.

Entender por que o mercado de ações tem uma ascensão implacável requer uma compreensão do que de fato temos com o VTSAX. Somos proprietários de uma parte de quase todas as empresas de capital aberto dos Estados Unidos.

As ações não são meros números na tela do computador. Ser dono delas significa ter uma parte de um negócio. Essas empresas estão repletas de pessoas trabalhando dia e noite para expandir e servir à sua base de clientes. Estão competindo em um ambiente implacável, que recompensa aqueles que são capazes de fazer acontecer e descarta os demais. É essa dinâmica intensa que torna as ações e as empresas que elas representam a classe de investimentos mais poderosa e bem-sucedida da história.

Assim, temos essa maravilhosa ferramenta de geração de riqueza que marcha para cima, mas – e este é um "mas" bem grande – faz com que muitas pessoas percam dinheiro no mercado: é um passeio turbulento e inquietante. Além disso, há aquele acontecimento grande e feio. Falaremos sobre isso a seguir.

CAPÍTULO 8

Por que a maioria das pessoas perde dinheiro na bolsa

No último capítulo, apresentei uma visão muito otimista do mercado de ações e de seu potencial de geração de riqueza. Tudo que escrevi é verdade. Mas isto também é:

A maioria das pessoas perde dinheiro no mercado de ações.

Eis o porquê:

1. ACHAMOS QUE PODEMOS PREVER O MERCADO.

Embora vender na alta e comprar na baixa pareça muito atraente, é quase impossível conseguir tal feito. A realidade é que, em geral, compramos caro demais e vendemos barato demais, entrando em pânico em momentos difíceis e comprando quando o mercado está otimista.

Essa é uma equação que se aplica a todos nós. É assim que os humanos são programados. Nos últimos anos, surgiu uma série de trabalhos acadêmicos investigando o perfil psicológico dos investidores. Os resultados não são nada satisfatórios. Parece que somos psicologicamente inadequados para prosperar em um mercado volátil. Os detalhes dessas pesquisas fogem ao escopo deste livro. Mas o importante é que precisamos de vontade, consciência e esforço para compreender, aceitar e, então, mudar esse comportamento destrutivo.

Um fato desagradável: a maioria dos investidores em fundos mútuos tem retornos piores do que aqueles que os próprios fundos geram e relatam. Reflita sobre essa informação por um instante. Como isso é possível? Nosso perfil psicológico é tal que não conseguimos nos segurar e caímos na tentação de tentar prever o movimento do mercado. Temos a tendência de comprar e vender, quase sempre em momentos errados.

2. Acreditamos que podemos adivinhar as ações que vão subir.

Você não é capaz de escolher ações vencedoras. Não se sinta mal por isso. Eu também não consigo. Nem a maioria esmagadora dos profissionais da área. O fato de essa habilidade ser tão rara é o principal motivo de os poucos que aparentam ter essa capacidade serem tão famosos.

De vez em quando saímos vitoriosos e, minha nossa, o sentimento é inebriante quando dá tudo certo. É muito sedutor. Escolher uma ação que dispara dá uma sensação intensa e viciante. A mídia está repleta de estratégias "vencedoras" que se alimentam dessa ilusão.

Não sou imune à atração. Em 2011, pensei que havia descoberto uma tendência e, de fato, obtive um rendimento de 19% em quatro meses nas cinco ações que escolhi. (Ai, ai, ainda tenho esse vício.)

Isso corresponde a quase 60% ao ano, enquanto o mercado permaneceu em um platô. É algo espetacular, é o que posso dizer. Também é impossível de alcançar ano após ano. A sensação é ótima, mas é uma base muito frágil para quem deseja construir um patrimônio.

Até mesmo ultrapassar um pouquinho o índice ano após ano é dificílimo. Contam-se nos dedos os investidores que conseguiram fazer isso com consistência. Tal feito é o que os eleva à condição de astros. É por isso que Warren Buffett, Michael Price e Peter Lynch são celebridades. É por isso que não permito que minhas vitórias ocasionais subam à cabeça. É por isso que deixo os fundos de índice fazerem o trabalho pesado na minha carteira de investimentos.

3. Acreditamos que podemos escolher gestores de fundos mútuos vencedores.

Fundos mútuos de ações com gestão ativa (fundos administrados por gestores profissionais, ao contrário dos fundos de índice) são um negócio enorme e bem rentável. Rentável para as empresas que os administram. Para seus investidores, nem tanto.

É tão lucrativo que existem mais fundos mútuos que ações. De acordo com a revista *U.S. News and World Report*,[15] em 2013 havia por volta de 4.600 fundos mútuos (de ações) operando nos Estados Unidos. Lembre-se de que existem cerca de 4 mil empresas de capital aberto no país. Você não leu errado. Sim, eu também fiquei surpreso.

O artigo prossegue dizendo que aproximadamente 7% dos fundos quebram *a cada ano*. Nesse ritmo, mais da metade (2.374 desses 4.600) deixará de existir na próxima década.

---

[15] http://money.usnews.com/money/personal-finance/mutual-funds/articles/2013/06/10/are-there-too-many-mutual-funds

Com tanto dinheiro em jogo, os bancos de investimento estão sempre lançando novos fundos, ao mesmo tempo que enterram aqueles que fracassaram. A mídia financeira está repleta de histórias de gestores e fundos bem-sucedidos – e de peças publicitárias bastante lucrativas pagas por esses mesmos personagens. Históricos são analisados. Gestores são entrevistados. Surgem empresas para pesquisar e classificar fundos.

O fato é que poucos gestores vão superar o índice ao longo do tempo. Em 2013, a Vanguard publicou os resultados de sua pesquisa sobre o assunto. A partir de 1998, a revista acompanhou os 1.540 fundos de ações com gerenciamento ativo que existiam na época. Nos 15 anos seguintes, apenas 55% desses fundos sobreviveram e somente 18% conseguiram sobreviver e superar o índice.

Oitenta e dois por cento não conseguiram superar o índice não gerenciado. Mas 100% deles cobraram altas taxas de seus clientes para tentar essa possibilidade.

Embora neste momento possamos observar aqueles que foram bem-sucedidos, não há como prever quais fundos estarão nesses raros 18% daqui para a frente. O prospecto de todos eles traz a seguinte frase: "Resultados passados não são garantia de desempenho futuro." É a frase mais ignorada em qualquer documento. E também a mais precisa.

Outros estudos acadêmicos sugerem que, ao analisar períodos mais longos, uma taxa de desempenho superior a 18% é muito otimista. Na edição de fevereiro de 2010 do *The Journal of Finance*, os professores Laurant Barras, Olivier Scaillet e Russ Wermers apresentaram seu estudo de 2.076 fundos de ações com gestão ativa nos Estados Unidos ao longo dos trinta anos decorridos entre 1976 e 2006. A conclusão a que chegaram é que apenas 0,6% mostrou qualquer habilidade em superar o índice ou, nas palavras dos pesquisadores, o resultado foi "estatisticamente indistinguível de zero".

Eles não estão sozinhos. Brad Barber, da Universidade da Califórnia em Davis, e Terrance Odean, da Universidade da Califórnia em Berkeley, descobriram que somente 1% das corretoras ativas superam o mercado e que *quanto mais elas compram e vendem, pior o resultado*.

Com esse histórico terrível, você deve se perguntar como tantas corretoras de fundos veiculam anúncios que mostram a maioria de seus fundos, se não todos, com um retorno acima do mercado. Com tanto dinheiro em jogo, não é surpreendente que escondam seus truques. Um deles consiste em selecionar um período para a medição que, por acaso, lhes é favorável. Outro tira proveito de todos aqueles fundos mortos e moribundos.

As empresas de fundos mútuos lançam novos produtos o tempo todo. O acaso é suficiente para prever que alguns se sairão bem, ao menos por um tempo. Os malsucedidos são encerrados sem alarde, com seus ativos sendo incorporados aos que estão se saindo melhor. O fundo ruim desaparece e a empresa pode continuar a afirmar que seus produtos são todos maravilhosos.

É possível ganhar muito dinheiro com uma gestão ativa de fundos. O problema é que ele não vai para o bolso dos investidores.

4. A GENTE SE CONCENTRA NA ESPUMA.

Imagine que você está lendo este livro em uma agradável tarde de verão. Você abre uma garrafa de sua cerveja favorita e enche um copo bem gelado.

Se já fez isso antes, você sabe que, se despejar a bebida com cuidado pela lateral, terminará com um copo cheio de cerveja e um pequeno colarinho de espuma. Mas, se despejar rápido e no centro, terá um copo com pouca cerveja, preenchido quase que em sua totalidade por espuma.

Imagine agora que alguém o serviu, longe de seus olhos observadores, em uma caneca escura cujo interior você não consegue enxergar. Você não é capaz de detectar quanto do conteúdo é cerveja e quanto é espuma. Esse é o mercado de ações. Ele é composto por dois itens relacionados, porém muito diferentes:

- **A cerveja:** os negócios operacionais de verdade, dos quais podemos ter uma parte.
- **A espuma:** as cotas negociadas, com furiosas variações nos preços. Esse é o mercado dos canais de TV. O mercado do relatório diário da bolsa de valores. O mercado sobre o qual as pessoas falam quando comparam Wall Street a Las Vegas. O mercado da volatilidade diária, semanal, mensal e anual que leva o investidor médio a pular da janela. O mercado que, se for esperto e quiser gerar riqueza ao longo do tempo, você vai ignorar solenemente.

Quando olhamos para o preço diário de determinada ação, é muito difícil saber quanto daquilo é espuma. É por isso que o valor de uma empresa pode despencar em um dia e subir no seguinte. É por isso que os canais de TV sempre levam especialistas, todos com credenciais impressionantes, prevendo com segurança os rumos do mercado – ao mesmo tempo que contradizem uns aos outros. São todos aqueles corretores competindo para adivinhar quanta cerveja e quanta espuma há no copo em determinado momento.

Embora isso renda ótimas tramas e programas de TV, o que importa para nós é apenas a cerveja. A cerveja é o dinheiro operacional real que gera negócios subjacentes abaixo de toda aquela espuma. E é ele que, com o tempo, leva o mercado a subir cada vez mais.

Você precisa entender que a mídia espera que esses comentaristas façam alarde. Ninguém vai ficar grudado na TV enquanto alguém racional discorre sobre investimentos de longo prazo. Mas basta conseguir alguém para garantir que o Dow Jones vai atingir 20.000 até o fim do ano ou, melhor ainda, que está à beira do colapso e, minha nossa, a audiência vai às alturas.

Tudo isso, porém, não passa de espuma e barulho. Não tem a menor importância para nós. Queremos a cerveja!

CAPÍTULO 9

O acontecimento grande e feio

Até agora, vimos que o mercado de ações é uma maravilhosa ferramenta de construção de riqueza com uma marcha implacável para cima. O fundo de índice de mercado total da Vanguard, o VTSAX, é o único mecanismo de que precisamos para acessá-lo.

Vimos também que o mercado é bastante volátil e tem quedas rotineiras, e que a maioria das pessoas perde dinheiro por causa de seus vieses comportamentais. Ainda assim, se tivermos coragem, esperarmos a turbulência passar e mostrarmos um pouco de humildade em relação à nossa perspicácia em investir, conseguiremos um caminho mais seguro para a riqueza.

Exceto...

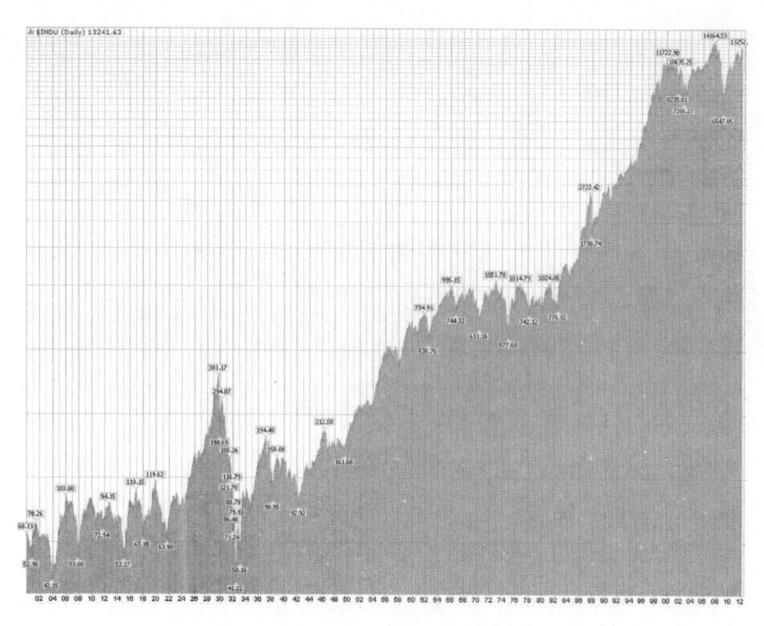

Dow Jones Industrial Average (DJIA), 1900-2012
Crédito: www.stockcharts.com

Em 1929, houve o que se pode chamar de acontecimento grande e feio. A mãe de todas as quebras da bolsa e o início da Grande Depressão. Em um período de dois anos, as ações despencaram de 391 para 41, perdendo 90% de seu valor. Se você tivesse o azar de ter investido no pico, sua carteira só iria se recuperar de verdade em meados da década de 1950, 26 anos depois. É o suficiente para balançar até o investidor mais aguerrido.

Se tivesse comprado ações em margem (isto é, com dinheiro emprestado de sua corretora), como era muito comum na época, você estaria aniquilado. Muitos especuladores saíram de cena. Fortunas se perderam da noite para o dia. Nunca compre ações em margem.

Então qual a melhor medida a tomar? Será que a possibilidade de outro acontecimento grande e feio pode anular a ideia de "crie coragem e espere as tempestades passarem"? A resposta tem tudo a ver com sua tolerância ao risco e seu desejo de acumular riqueza. Existem maneiras de mitigar o risco, e falaremos sobre elas mais tarde.

Por enquanto, vamos dar um passo atrás e analisar alguns pontos-chave a respeito da grande quebra:

1. Apenas um investidor com má sorte excepcional teria de suportar todo o peso do *crash*. Ele precisaria ter comprado toda a sua carteira exatamente no pico de 1929.

   Suponhamos que, em vez disso, você tivesse investido em 1926-1927. Se olharmos no gráfico, veremos que essas datas estão mais ou menos na metade do caminho até o pico. Um número muito grande de pessoas estava entrando no mercado nesses anos. E, sem dúvida, estavam destinadas a perder todos os seus ganhos. Se tivessem aguentado firme, voltariam ao território positivo dez anos depois. Embora outro período difícil estivesse por vir.

   Suponhamos que você tivesse comprado no pico anterior, em 1920. Você teria levado um golpe imediato e se recuperado cinco anos mais tarde. Após o colapso de 1929, você estaria no zero a zero novamente em 1936. Sete anos.

   O que quero dizer é que qualquer variação na data de começo teria gerado um resultado diferente – e não tão grave quanto a perda de 90% entre o pico e o fundo do poço.

2. Suponhamos que você tivesse acabado de se formar e estivesse começando sua carreira em 1929. Se considerarmos que estava entre os 75% sortudos que não perderam o emprego, você teria décadas de oportunidades para comprar ações a preços de pechincha. Ironicamente, uma quebra da bolsa no início de sua vida de investidor é uma dádiva.

Qualquer recuo nos preços das ações é um presente quando se está no processo de acumulação de riqueza. Permite que você adquira mais ações pelo mesmo dinheiro, "na promoção", por assim dizer.

3. Suponhamos que em 1929 você estivesse aposentado, com 1 milhão de dólares. Até 1932, seu portfólio teria caído 90%, chegando a 100 mil dólares. Um golpe terrível, sem dúvida. Mas lembre-se: a Depressão foi um evento deflacionário. Isso significa que os preços de bens e serviços caíram demais, assim como os das ações. Significa também que os seus 100 mil dólares, embora não fossem mais 1 milhão, passaram a ter muito mais poder de compra que o mesmo montante antes do *crash*. Além disso, seu dinheiro estava pronto para crescer em um ritmo um tanto quanto vertiginoso depois dessa baixa.

4. O acontecimento grande e feio ocorreu apenas uma vez em mais de um século. Faz mais tempo ainda, mas nossos dados do DJIA só cobrem esse período. Não tivemos outro evento dessa magnitude. Alguns até afirmam que, com os controles postos em prática desde 1929, é improvável que algo semelhante volte a acontecer. Embora não possamos ter certeza disso, sabemos que esses acontecimentos são raros.

5. Em 2008, chegamos à beira do abismo. Acredito que mais perto da borda do que a maioria das pessoas se deu conta. Mas não caímos. É encorajador.

O que não é tão encorajador é que uma depressão deflacionária como a de 1929 seja apenas uma das duas possíveis catástrofes econômicas que podem destruir capital em grande escala.

A outra é a hiperinflação.

Nos Estados Unidos, não tivemos que lidar com esse monstro desde a Guerra da Independência, em 1776. Mas ele destruiu a economia do Zimbábue em 2008. A Hungria teve o pior caso na história quando, em julho de 1946, a taxa de inflação atingiu um pico de 41,9 *quatrilhões* por cento, e muitos atribuem a ascensão dos nazistas ao poder na década de 1930 à hiperinflação na Alemanha dos anos 1920. A do Brasil foi longa e corrosiva, sendo contida apenas com o Plano Real.

A hiperinflação é tão destrutiva quanto a deflação, e se trata mesmo do que parece: uma inflação fora de controle.

Um pouco de inflação pode ser muito saudável para a economia. Permite que preços e salários se expandam. Mantém as engrenagens econômicas azeitadas e funcionando bem. É o antídoto para depressões deflacionárias iminentes.

Em um ambiente deflacionário, atrasos nas decisões de compra são recompensados. Se estivesse pensando em comprar uma nova casa entre 2009 e 2013, você veria que os preços estavam caindo, junto com taxas de juros de financiamento. Percebendo que poderia obter tanto a casa quanto o financiamento por um valor mais baixo depois, você aguardaria. Se um número suficiente de compradores em potencial se juntasse a você, a demanda cairia, puxando os preços e as taxas ainda mais para baixo. A espera é recompensada e o movimento é punido. Se isso ocorrer com demasiada frequência, o mercado entra em uma espiral mortal de queda de preços.

Durante os períodos de inflação, porém, qualquer coisa que se queira comprar custará mais amanhã que hoje. Você tem um incentivo para adquirir hoje aquela casa (ou carro, ou eletrodoméstico, ou pão), vencendo a corrida contra o aumento de preço. Agora, o atraso é punido com preços mais altos depois, e a ação é recompensada. Os compradores ficam cada vez mais motivados.

Os vendedores ficam cada vez mais relutantes. Se isso sair de controle, o mercado cai em uma espiral mortal de desvalorização da moeda e as pessoas entram em desespero para trocá-la por bens.

Os governos adoram um pouco de inflação. Podem injetar dinheiro no sistema e manter a economia funcionando sem ter que aumentar impostos ou cortar gastos. Às vezes, a inflação é chamada de "imposto oculto", porque corrói o poder de compra da moeda. Também permite que os devedores, como o governo, paguem seus credores com "dinheiro mais barato".

A boa notícia para nossa estratégia de acúmulo de patrimônio via VTSAX (que aprofundaremos nos próximos capítulos) é que as ações são uma boa proteção contra a inflação. Como já vimos, quando temos ações, somos donos de parte das empresas. Essas empresas têm ativos e criam produtos. O valor desses produtos aumenta com a inflação, proporcionando uma proteção contra a queda do valor da moeda. Isso é ainda mais verdadeiro em tempos de inflação baixa a moderada.

O que todo investidor precisa decidir é quanto risco pode aceitar no processo de construção de riqueza. Olhando para os últimos cem anos, você deve se perguntar se faz mais sentido focar na quebra da bolsa ou investir na subida implacável que dominou a história.

Não estou querendo dizer, no entanto, que acontecimentos grandes e feios não sejam muito assustadores e destrutivos. Mas são raros. No contexto de nossa abordagem geral (gaste menos do que ganha, invista o excedente e evite dívida), é possível sobreviver a eles.

Nos próximos capítulos examinaremos investimentos específicos para gerar e proteger sua riqueza. Como prometi na Parte I, você não vai acreditar como é simples.

CAPÍTULO 10

Como manter tudo simples: considerações e ferramentas

A simplicidade é boa. A simplicidade é mais fácil. A simplicidade é mais lucrativa.

Esse é o mantra fundamental deste livro, e as informações que vou compartilhar com você nos próximos capítulos são pura simplicidade. Neles você aprenderá tudo que precisa saber para produzir resultados de investimento melhores que os de pelo menos 82% dos profissionais e amadores ativos por aí (de acordo com o estudo da Vanguard citado no Capítulo 8). Você não precisará gastar quase tempo algum para ser um investidor e poderá se concentrar em todas as outras coisas que tornam sua vida plena e agradável.

Como é possível? Investir não é complicado? Eu não preciso de profissionais para me orientar?

Não e não.

Desde os tempos da Babilônia, o povo cria investimentos, sobretudo para vender a outras pessoas. Há um forte incentivo financeiro em torná-los complexos e misteriosos.

Mas a verdade é que quanto mais complexo um investimento, menor a probabilidade de que seja lucrativo. Um dos motivos de os fundos de índice superarem os fundos de gestão ativa é que estes necessitam de gestores ativos caros. Além de serem propensos a cometer erros, também cobram taxas que representam um entrave contínuo ao bom desempenho da carteira.

Mas esses fundos são bem lucrativos para as empresas que os administram e, por isso, muito propagandeados. Claro, tais lucros e custos promocionais vêm de todas aquelas taxas suculentas que saem do seu bolso.

Investimentos complexos são desnecessários e trabalham contra você. Na melhor das hipóteses, custam caro. Na pior, são uma fossa de vigaristas. Eles não valem o seu tempo. Podemos fazer melhor.

Você precisará apenas de três considerações e três ferramentas.

As três considerações

1. Em que estágio de sua vida de investidor você se encontra? Na fase de acumulação de riqueza ou de preservação de riqueza? Ou talvez em uma mistura das duas?
2. Qual nível de risco você considera aceitável?
3. O seu horizonte de investimento é de longo ou curto prazo?

Como você deve ter reparado, essas três questões estão conectadas. Seu nível de risco varia de acordo com seu horizonte de investimento. Ambos influenciarão o direcionamento da sua fase de investimento. As três considerações estão ligadas ao seu emprego atual e aos seus planos futuros. Só você pode tomar uma decisão, mas permita que eu ofereça algumas ideias para orientá-lo.

A segurança é quase uma ilusão.
Não há investimento sem risco. Assim que você começar a acumular riqueza, o risco será um fato da vida. É impossível evitá-lo. Tudo que você pode fazer é escolher o tipo. Não deixe ninguém lhe dizer o contrário. Se você enterrar seu dinheiro no quintal (ou em uma conta bancária com seguro e taxas de juros próximas a zero) e resgatar daqui a vinte anos, continuará com a mesma quantia. Mas até uma inflação baixa terá reduzido seu poder de compra. Se investir em ações, você se protegerá da inflação e acumulará riqueza, mas precisará percorrer um caminho sinuoso.

Sua fase não está necessariamente ligada à sua idade.
A fase de acumulação de riqueza compreende o período em que você está trabalhando, economizando e acrescentando dinheiro aos seus investimentos. A fase de preservação de riqueza ocorre quando os rendimentos do seu trabalho diminuem ou cessam. Seus investimentos terão que crescer por si sós ou serão requisitados para lhe fornecer uma renda.

Você talvez esteja planejando se aposentar cedo. Ou esteja preocupado com o seu emprego. Pode querer um ano sabático. Ou aceitar um emprego com salário menor para correr atrás de um sonho. Você talvez esteja abrindo um novo negócio. Ou voltando ao mercado de trabalho após vários anos de aposentadoria. Suas fases de vida podem mudar muitas vezes. E sua fase de investimento pode ser alterada de acordo com elas.

O dinheiro do f***-se é fundamental.
Se você ainda não tem o seu, sugiro que comece a juntá-lo agora. Nunca é tarde demais para começar. Seja persistente. A vida é

incerta. O emprego que você tem e adora pode desaparecer amanhã. Lembre-se de que nada que o dinheiro pode comprar é mais importante que a sua liberdade financeira. Neste nosso mundo moderno, não existe ferramenta mais essencial.

Não se precipite pensando a curto prazo.

A maioria de nós é formada, ou deveria ser, por investidores de longo prazo. A regra prática do típico consultor de investimentos é: subtraia sua idade de cem (ou, nos casos mais agressivos, de 120). O resultado é a porcentagem de sua carteira que deveria ser composta por ações. Uma pessoa de 60 anos deveria, de acordo com esse cálculo, ter 40% (ou 60%) de seu dinheiro em ações e 60% (ou 40%) em títulos conservadores, que preservam a riqueza. Bobagem.

Aqui reside o problema. Mesmo uma inflação modesta destrói o valor dos títulos ao longo do tempo, e os títulos não podem oferecer a compensação do potencial de crescimento das ações.

Se você estiver começando aos 20, isso significa que talvez tenha sessenta anos de investimentos pela frente. Quem sabe para além dessa idade, se a expectativa de vida continuar aumentando. Mesmo aos 60 anos, com boa saúde, você pode ter mais vinte pela frente para investir. Para mim, isso é longo prazo.

Talvez você tenha um cônjuge mais jovem. Ou queira deixar um dinheiro para seus filhos, netos, ou uma instituição de caridade. Cada um tem seus próprios horizontes de longo prazo.

As três ferramentas

Depois de chegar a uma conclusão sobre as três considerações, você estará pronto para construir sua carteira de investimentos.

Para isso, precisará apenas destas três ferramentas. Viu? Eu prometi que seria simples.

1. Ações: VTSAX (Vanguard Total Stock Market Index Fund) ou outro fundo de ações. Ações fornecem os melhores retornos ao longo do tempo e servem como nosso escudo contra a inflação. Esta é a nossa principal ferramenta de construção de riqueza. (Consulte o Capítulo 17 para variantes desse mesmo fundo.)

2. Títulos: VBTLX (Vanguard Total Bond Market Index Fund) ou outro fundo de renda fixa. Títulos fornecem renda, tendem a suavizar a jornada tempestuosa das ações e servem como nosso escudo contra a deflação.

3. Dinheiro: é bom ter algum para pagar despesas rotineiras e cobrir emergências. O dinheiro também reina em tempos de deflação. Quanto mais os preços caem, mais seu dinheiro pode comprar. Mas, quando os preços aumentam (inflação), o valor dele diminui com frequência. Com taxas de juros baixas, o dinheiro ocioso não tem muito potencial de ganho. Sugiro que você mantenha o mínimo possível à mão, de acordo com suas necessidades e seu nível de conforto. Por dinheiro, eu me refiro a qualquer investimento de resgate imediato. Não estou sugerindo que você deixe seu dinheiro parado na conta, mas que mantenha esses recursos acessíveis a qualquer tempo em um investimento de alta liquidez.

Há um tempo, deixávamos nosso dinheiro no VMMXX (Vanguard Prime Money Market Fund). Na época, as taxas de juros eram mais altas e os fundos do mercado monetário costumavam oferecer taxas melhores que a poupança. Mas hoje, com as taxas de juros em mínimas históricas, os fundos do mercado monetário estão rendendo perto de 0%. As taxas bancárias estão um pouco mais altas. Além disso, as contas em banco nos Estados Unidos vêm com seguro FDIC (Federal Deposit Insurance Corporation) para montantes de até 250 mil dólares, da mesma maneira que no Brasil o FGC (Fundo Garantidor de Crédito) protege diversos investimentos.

Por esses motivos, minha família e eu deixamos o dinheiro em nosso banco local e no banco on-line. Se as taxas de juros subirem e os fundos do mercado monetário oferecerem taxas melhores de novo, voltaremos a investir neles.

São três ferramentas simples. Dois fundos mútuos de índice e um fundo do mercado monetário e/ou uma conta bancária. Um construtor de riqueza, um escudo contra a inflação, um escudo contra a deflação, e dinheiro para necessidades diárias e emergências. Como prometido, é uma estratégia de baixo custo, eficaz, diversificada e simples.

Você pode ajustar sua alocação em cada investimento de acordo com suas demandas pessoais. Quer um passeio mais suave? Está disposto a aceitar um retorno de longo prazo menor e um acúmulo de riqueza mais lento? Basta aumentar o percentual no VBTLX e/ou em dinheiro. Quer potencial máximo de crescimento? Invista mais no VTSAX.

Nos próximos capítulos, falaremos sobre fundos de índice e títulos. Em seguida exploraremos algumas estratégias e carteiras específicas para que você possa começar, e veremos como selecionar a alocação de ativos mais adequada às suas necessidades e ao seu temperamento.

CAPÍTULO 11
Fundos de índice só servem para pessoas preguiçosas?

Hum, boa pergunta. A resposta é não. O investimento em fundos de índice é para quem deseja os melhores resultados possíveis.

Nos últimos anos, algumas de minhas ideias de investimento foram comentadas por outros escritores. Embora tenha me sentido honrado, percebi que mesmo aqueles que procuram me elogiar às vezes falam de minha posição em relação à Vanguard e a fundos de índice como um bom conselho, mas apenas para pessoas comuns que não querem ter muito trabalho ao investir.

A ideia é que, com um pouco mais de esforço e inteligência na seleção de ações individuais e/ou fundos de gestão ativa, indivíduos mais dedicados podem ter resultados melhores.

Bobagem!

Lá no Capítulo 7, apresentei John Bogle a você. Na minha opinião, ninguém fez mais pelo investidor individual do que ele. Fundador da Vanguard – e sua estrutura única que beneficia os acionistas – e criador dos fundos de índice, ele foi um titã do mercado financeiro, um santo do mundo dos investimentos e um herói para mim.

Quando já tinha mais de 80 anos, Bogle chegou a alertar os novos investidores sobre ter retornos mais altos que o do mercado: "Estou neste negócio há 61 anos e não sou capaz de fazer isso. Nunca conheci ninguém que fosse. Nunca conheci ninguém que conhecesse qualquer um capaz de fazê-lo."

Nem eu. Ele se deu conta disso quando ainda era um universitário trabalhando em sua tese, e tantas décadas no negócio só serviram para reforçar essa convicção. Ou seja, comprar todas as ações reunidas no índice de mercado supera de forma confiável e consistente a gestão profissional, em especial se levarmos em conta os custos.

O conceito básico da indexação é que, como a chance de selecionar ações com desempenho acima da média é bastante remota, alcançaremos resultados melhores comprando todas as ações de determinado índice. Essa ideia desafiou os fundamentos da lógica de pagar altas taxas para profissionais de Wall Street. E, o que não é de surpreender, a reação foi rápida e severa – na época, Bogle foi ridicularizado.

No entanto, nas décadas desde o lançamento do primeiro fundo de índice, a validade da ideia de Bogle tem sido confirmada repetidamente.

A dura verdade é que selecionar ações com desempenho acima da média é algo complexo, caro e inútil. Aceitar esse fato com humildade será maravilhoso para a sua habilidade de acumular capital.

Existe até uma escola de pensamento que sugere que investidores famosos por seu sucesso – como Warren Buffett, Peter Lynch e Michael Price – são apenas sortudos. Mesmo para alguém convertido aos fundos de índice como eu, é difícil aceitar isso. No entanto, estudos sugerem que apenas 1% dos gestores de primeira linha têm desempenho acima da média do mercado. Nessas raras ocasiões, é difícil distinguir habilidade de sorte.

Sendo assim, por que tantas pessoas ainda resistem à ideia de investir em fundos de índice? Acho que há muitos aspectos psicológicos por trás disso. Estes são alguns dos motivos que me ocorrem:

1. Pessoas inteligentes têm dificuldade de aceitar que não podem superar um índice que compra de tudo. Aparentemente, deveria ser muito fácil identificar as boas empresas e evitar as ruins. Não é. Esse foi o meu problema pessoal, e perdi anos e milhares de dólares na busca vã por um desempenho superior.

   Pense nisto: na década de 1960, o governo dos Estados Unidos estava pensando em forçar o desmembramento da General Motors (o que nunca aconteceu). A GM era considerada tão dominante e poderosa que nenhuma montadora poderia competir com ela. Essa é a mesma GM que, hoje, só sobrevive graças a um enorme resgate financeiro daquele mesmo governo.

   Na década de 1990, os investidores espertos apostavam que a Apple não sobreviveria. No momento em que escrevo este livro, ela é a maior empresa dos Estados Unidos, levando em conta a capitalização de mercado. As estrelas de hoje são os escombros de amanhã. Os naufrágios de hoje são as reviravoltas emocionantes de amanhã.

2. Comprar um fundo de índice significa aceitar o retorno "médio" do mercado. As pessoas têm dificuldade de aceitar a ideia de que elas mesmas, ou qualquer coisa em sua vida, são medianas.

   Mas, nesse contexto, a palavra "mediana" costuma ser mal interpretada. Em vez de significar que os retornos dos fundos de índice estão no ponto médio, aqui representa o desempenho combinado de todas as ações em um índice.

Gestores financeiros profissionais são avaliados de acordo com sua performance em relação a esse retorno. Como vimos, todos os anos a maioria apresentou desempenho inferior ao seu índice-alvo. Em períodos de 15 a trinta anos, o índice tem uma performance melhor que 82% a 99% dos fundos com gestão ativa.

Isso significa que comprar um fundo de índice total do mercado de ações, como o VTSAX, garante a você um dos melhores desempenhos ano após ano. Uma ótima recompensa por aceitar o "mediano". Esse é o tipo de mediano com o qual posso conviver – e prosperar.

3. A mídia especializada em finanças está recheada de histórias de indivíduos e profissionais que superaram o índice por um, dois ou três anos. Ou, em casos muito raros, como o de Buffett, por bastante tempo (tenho horror à sugestão – quase sempre elogiada – de apenas fazer o que Buffet faz. Como se isso fosse fácil). São histórias empolgantes e, no fim das contas, as empresas para as quais esses profissionais trabalham costumam ser anunciantes. Ou anunciantes em potencial.

Mas investir é um jogo de longo prazo. Tentar escolher gestores com bom desempenho ao longo de décadas não trará resultados melhores que tentar selecionar ações com boas performances.

4. As pessoas subestimam o peso dos custos para investir.

Pagar taxas de fundos e/ou de assessoria de 1% ou 2% parece pouco, sobretudo em um bom ano. Mas não se engane: essas taxas anuais têm um peso enorme sobre o seu patrimônio. Como ponto de referência, a taxa média que os fundos cobram dos investidores de um fundo mútuo, conhecida como taxa de despesas, é de 1,25%. A taxa de despesas do VTSAX é 0,05%. Como disse Bogle, o desempenho oscila, mas as despesas estão sempre lá, ano após ano. Com o tempo, a quantia perdida é de tirar o fôlego.

Pense nisto: quando começar a se sustentar com os retornos de sua carteira, você poderá gastar cerca de 4% de seus ativos por ano. (Exploraremos esse conceito de 4% na Parte IV.) Se 1% do seu dinheiro vai para taxas de administração, isso corresponde a 25% da sua renda.

5. As pessoas querem resultados rápidos, entusiasmo e o direito de se gabar. Desejam vivenciar a emoção da vitória e se vangloriar daquela ação que compraram e que triplicou ou daquele fundo que ultrapassou o S&P 500. Deixar que um fundo de índice faça sua mágica ao longo dos anos não é muito emocionante. É apenas muito lucrativo.

Quanto a mim, busco meu entusiasmo em outros lugares e deixo a indexação fazer o trabalho duro de construir meu patrimônio.

6. Por fim – e talvez este seja o aspecto mais importante –, vender consultoria e corretagem para pessoas que podem ser convencidas da própria capacidade de obter um desempenho melhor que o índice é um negócio gigantesco. Gestores e consultores financeiros, empresas de fundos mútuos, analistas da bolsa, boletins informativos, blogs e corretores – todos querem meter a mão no seu bolso. Há bilhões em jogo, e o marketing do melhor desempenho é incessante. Resumindo: sofremos uma lavagem cerebral.

O investimento em fundos de índice ameaça as enormes taxas que gestores financeiros e companhia costumam receber. Eles prosperam ao alimentar sua crença na busca vã pelo canto de sereia do desempenho superior. Não é de surpreender que falem mal dos fundos de índice sempre que podem.

Há muitos anos, meu instrutor de artes marciais me ensinou a brigar na rua de um jeito eficiente. Eis o que ele disse a respeito de chutes altos: "Antes de decidir dar uma voadora na rua, pergunte a si mesmo: 'Eu sou o Bruce Lee?' Se a resposta for 'não', mantenha os pés no chão." Bom conselho para quando se está jogando para valer.

Os chutes podem parecer muito eficazes nos filmes, nos torneios e no tatame, mas na rua representam um risco muito alto. A não ser que você seja ao mesmo tempo muito habilidoso e bem mais apto que seu oponente (algo impossível de saber, tanto em brigas de rua quanto nos investimentos), é provável que chutar o deixe exposto e vulnerável. E esse é um ponto fundamental, *ainda que você já tenha mandado bem nos chutes antes*.

O mesmo raciocínio vale para os investimentos. Antes de sair tentando escolher ações específicas e/ou gestores de fundos, faça a si mesmo esta simples pergunta: "Eu sou o Warren Buffett?" Se a resposta for "não", mantenha os pés no chão e invista em fundos de índice.

Sendo muito claro: não prefiro investir em fundos de índice porque é mais fácil, embora seja. Ou porque é mais simples, embora também seja. Sou a favor dessa estratégia porque é mais eficaz e tem maior chance de gerar riqueza que as alternativas.

Eu não teria problema algum em despender mais esforço se isso fosse me dar mais retorno. Agora, mais esforço por menos retorno? Não, obrigado.

CAPÍTULO 12

Títulos

Até agora, passamos um bom tempo examinando a bolsa de valores – as ações e os fundos de índice que usaremos para investir nelas. Faz sentido. Eles servirão como ferramenta para a construção de riqueza e é bem provável que, no futuro, correspondam à maior fatia de nossos ativos.

Em vários momentos, porém, acrescentaremos títulos ao mix para suavizar a jornada, adicionar um pouco de receita e fornecer um escudo contra a deflação. Então, vamos examiná-los mais de perto.

Títulos são, em certo sentido, os primos mais estáveis e confiáveis das ações. Ou parecem ser. Mas, como veremos, eles não são tão isentos de risco como muitos acreditam.

O desafio é que os títulos são um assunto *extenso*. Os detalhes são infinitos, e é bem possível que a maioria deles não interesse aos leitores deste livro. Para ser sincero, não são muito interessantes nem mesmo para mim. Contudo, a menos que se sinta confortável em apenas confiar no que eu digo, você talvez queira saber o que são os títulos e por que eles entraram em nossa carteira.

Qual é a quantidade de informação suficiente? Não sei. Neste capítulo, falarei sobre títulos em etapas. Quando tiver lido o bastante para se sentir "seguro" para comprar títulos, você pode parar de ler. Se chegar ao final do capítulo e quiser mais dados, diversas obras sobre o assunto podem lhe dar mais detalhes.

Etapa 1

Títulos entram na nossa carteira para fornecer um escudo contra a deflação. A deflação é um dos dois grandes riscos ao dinheiro. A inflação é o outro, e nos protegemos contra ela com nossas ações. Você deve lembrar que a deflação ocorre quando o preço dos bens entra em queda vertiginosa e a inflação surge quando eles sobem. Yin e yang.

Títulos tendem a ser menos voláteis que ações e servem para tornar nossa jornada de investimento um pouco mais tranquila.

Os títulos pagam juros, proporcionando-nos um fluxo de receita.

Às vezes, os ganhos com esses juros são isentos de impostos. Em alguns casos, o governo brasileiro isentou de tributação títulos de setores específicos, como forma de incentivar os investimentos em papéis desses segmentos e direcionar mais capital a eles:

1. LCI (letra de crédito imobiliário);
2. LCA (letra de crédito do agronegócio);
3. CRI (certificado de recebíveis imobiliários);
4. CRA (certificado de recebíveis do agronegócio).

Etapa 2

Então, o que são títulos e como eles diferem das ações?
Simplificando ao máximo: quando compra ações, *você está comprando* uma parte de uma empresa. Ao comprar títulos, *você está emprestando* dinheiro a uma empresa ou ao governo.

Como a deflação ocorre quando o preço dos itens cai, assim que o dinheiro que você emprestou é devolvido, ele tem mais poder de compra. Seu dinheiro pode adquirir mais mercadorias do que na época em que você o emprestou. Esse aumento de valor ajuda a compensar as perdas que a deflação trará para seus outros ativos.

Em tempos de inflação, os preços sobem e, portanto, o dinheiro que lhe é devido perde valor. Quando você o recebe de volta, o poder de compra diminuiu. Nesse caso, é melhor ter ações, cujo valor aumenta com a inflação.

Etapa 3

Como exemplo, e você pode buscar alternativa semelhante no mercado onde investe, nós temos nossos títulos em cotas do VBTLX – o fundo de índice total de títulos da Vanguard –, e com isso eliminamos a maior parte dos riscos de ter títulos individuais. Na última contagem, e isso varia um pouco de acordo com o momento, o fundo tinha 7.843 títulos. Todos têm grau de investimento (qualidade superior) e nenhum tem classificação inferior a BAA (ver Etapa 4). Isso reduz o risco de inadimplência. O fundo detém títulos com datas de vencimento diferentes, atenuando o risco da taxa de juros. E os títulos do fundo têm uma variedade de prazos, reduzindo o risco de inflação.

Nas próximas etapas, falaremos mais sobre esses riscos, mas é importante entender neste ponto que, se você decidir acrescentar títulos à sua carteira, o melhor caminho é adquirir cotas de um fundo de índice. Pouquíssimos investidores individuais optam por comprar títulos individuais. O Tesouro dos Estados Unidos e os CDBs (certificados de depósitos bancários) que atuam como títulos são as principais exceções.

Etapa 4

Os dois elementos cruciais dos títulos são a taxa de juros e o prazo. A taxa de juros é aquilo que o emissor do título (o tomador) concordou em pagar ao comprador (o credor – você ou, por extensão, o fundo cujas cotas você tem). O prazo é o período pelo qual o dinheiro será emprestado. Então, se você comprasse um título de 1.000 dólares da empresa XYZ, a uma taxa de juros de 10% com prazo de dez anos, todo ano a XYZ lhe pagaria 100 dólares em juros (10% de 1.000 dólares) ao longo da duração do título (100 dólares por ano × dez anos). Se você mantiver o título até o final do prazo de dez anos, ele "vence" e o emissor é obrigado a devolver seu investimento original de 1.000 dólares. Sua única preocupação é a possibilidade de a XYZ entrar em inadimplência.

Portanto, a inadimplência é o primeiro risco associado aos títulos. Para ajudar os investidores a avaliar o risco em qualquer título de uma empresa ou do governo, várias agências de classificação avaliam quanto crédito eles merecem. Essas agências usam uma escala que vai de AAA até D, parecida com as notas da escola. Quanto mais baixa for a classificação, maior será o risco. Quanto maior o risco, mais difícil é encontrar pessoas dispostas a comprar seus títulos. Quanto mais difícil encontrar pessoas para comprar seus títulos, mais juros você precisará pagar para atraí-las. Os investidores esperam receber um prêmio maior quando aceitam mais riscos.

Portanto, o risco de inadimplência é o principal fator que determina os juros que seu título renderá. Ao comprar títulos, quanto mais risco você estiver disposto a aceitar, mais altos os juros que receberá.

Etapa 5

O risco da taxa de juros está vinculado ao prazo. Mas só entra em jogo se você decidir vender o título antes da data de vencimento. Aqui está o porquê:

Quando decide vender o título que detém na sua carteira, você precisa oferecê-lo aos compradores no que é chamado de "mercado secundário". Usando nosso exemplo anterior, esses compradores podem oferecer uma quantia maior ou menor que os 1.000 dólares que você pagou. Depende da mudança das taxas de juros nesse meio-tempo. Se as taxas tiverem aumentado, o valor do título terá diminuído. Se tiverem caído, o valor do título será maior. Confuso, não? Pense desta forma:

Você resolve vender o título do nosso exemplo acima. Pagou 1.000 dólares e está recebendo 10% (100 dólares) ao ano. Agora, digamos que as taxas de juros subiram para 15% e eu tenho 1.000 dólares para investir. Uma vez que posso comprar um título que vai me pagar 150 dólares ao ano, é óbvio que não darei 1.000 dólares pelo título que só rende 100. Ninguém faria isso, e você ficaria preso. No entanto, o mercado secundário de títulos (onde são negociados depois de sua emissão original) vai calcular quanto o título vale com base na taxa de juros atual de 15%. Você talvez não goste do valor, mas pelo menos poderá vender.

Se as taxas de juros caírem, os papéis se inverterão. Se baixarem de 10% para 5%, com os 1.000 dólares só conseguirei comprar um título que me dê 50 dólares ao ano. Como rende

100, o título vale mais que os 1.000 que você pagou. Mais uma vez, se você desejar vender, o mercado de títulos vai calcular quanto ele vale.

Quando as taxas de juros sobem, os preços dos títulos caem. Quando elas baixam, os preços sobem. Nos dois casos, se mantiver um título até a data de vencimento, você obterá o que pagou por ele, a não ser que haja inadimplência.

Etapa 6

Como você já deve ter adivinhado, o prazo de um título é nosso terceiro fator de risco, ajudando a determinar os juros pagos. Quanto mais longo o prazo, maior a probabilidade de as taxas de juros mudarem antes do vencimento, o que significa um risco maior. Embora cada título seja precificado de maneira individual, existem três faixas de prazo: curto, médio e longo. Com os títulos do Tesouro americano (títulos que o governo federal emite) temos:

- Letras – obrigações de curto prazo, com vencimento entre um e cinco anos.
- Notas – obrigações de médio prazo, com vencimento de seis a doze anos.
- Títulos – obrigações de longo prazo, com vencimento em mais de doze anos.

No Brasil, o governo federal é o único emissor de títulos da dívida e emite papéis prefixados (têm taxas de juros fixas que você já conhece no momento que investe) e pós-fixados, como o Tesouro Selic (cujo rendimento está atrelado à taxa básica de juros) e o Tesouro IPCA (cujo rendimento está atrelado à inflação do período).

De modo geral, os títulos de curto prazo pagam menos juros, pois se considera que carregam menos riscos, uma vez que o dinheiro fica preso por um período menor. Seguindo o mesmo raciocínio, títulos de longo prazo são vistos como mais arriscados e pagam mais.

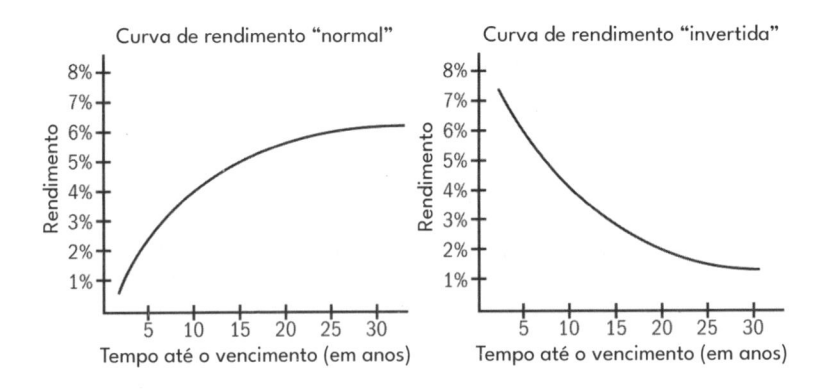

Curva de rendimento "normal"
(Rendimento vs. Tempo até o vencimento em anos)

Curva de rendimento "invertida"
(Rendimento vs. Tempo até o vencimento em anos)

Os analistas de títulos inserem esses fatores em um gráfico, criando o que chamamos de *curva de rendimento*. O gráfico à esquerda é bastante típico. Quanto maior a diferença entre os juros de curto, médio e longo prazo, mais íngreme a curva. Essa diferença varia e, às vezes, as taxas de curto prazo se tornam mais altas que as de longo prazo. Quando isso ocorre, o gráfico mostra algo que foi batizado como *curva de rendimento invertida*, fazendo disparar o coração dos analistas de títulos. Você pode visualizar esse fenômeno na ilustração à direita.

Etapa 7

A inflação é o maior risco para os títulos. Como já discutimos, a inflação ocorre quando o custo das mercadorias aumenta. Se você emprestar o dinheiro ao comprar títulos e recebê-lo de volta em períodos de inflação, poderá comprar menos coisas com ele. O dinheiro valerá menos. Um grande fator na determinação da taxa de juros paga em um título é a inflação prevista. Como quase sempre existe algum nível de inflação em uma economia saudável, os títulos de longo prazo são afetados. Esse é um dos principais motivos para os juros serem maiores. Então, quando temos uma curva de rendimento invertida, e taxas de curto prazo mais altas que as de longo prazo, significa que os investidores estão prevendo uma inflação baixa ou até uma deflação.

ETAPA 8

Eis alguns outros riscos:

Rebaixamentos de crédito. Lembra aquelas agências de classificação de risco que discutimos antes? Suponhamos que você tenha comprado um título de uma empresa classificada como AAA, a nota mais alta. O rebaixamento de crédito é o risco de que, em algum momento depois que você adquirir o título, a empresa tenha problemas e as agências rebaixem a sua classificação. O valor do título cai junto com essa classificação revista.

Títulos resgatáveis. Alguns títulos são "resgatáveis", o que significa que o emissor pode recomprá-lo antes da data de vencimento, devolvendo seu dinheiro e parando de pagar juros. É claro que os emissores só lançam mão disso quando as taxas de juros estão em queda e eles podem pegar dinheiro emprestado mais barato em outro lugar. Como você já sabe, quando as taxas caem, o valor do título sobe. Mas se ele for resgatado, puf, lá se vai seu belo ganho.

Risco de liquidez. Algumas empresas não são muito populares, conceito que também vale para os seus títulos. O risco de liquidez se refere à possibilidade de que, quando você quiser vender, poucos compradores estejam interessados. Poucos compradores resultam em preços mais baixos.

Todos esses riscos são bem mitigados pelo fato de ter um fundo de índice com base ampla. É por isso que o VBTLX é a nossa escolha.

Etapa 9

Existem zilhões de tipos de títulos. Nos Estados Unidos eles são emitidos pelos governos federal, estaduais e locais, pelas agências governamentais e por empresas. No Brasil, pelo governo federal e por empresas. E o único limite para o prazo, as taxas de juros e as condições de pagamento é a imaginação dos compradores, vendedores e reguladores. Mas, como este é *O caminho simples para a riqueza*, podemos encerrar esta discussão por aqui.

CAPÍTULO 13

Ideias de carteira para acumular e manter o capital

Passamos os últimos capítulos fazendo um reconhecimento de terreno, por assim dizer. Agora vamos voltar nossa atenção para a parte divertida. Como podemos usar o que aprendemos até aqui para acumular e manter o patrimônio? Vou apresentar duas carteiras, compostas usando as ferramentas (fundos) de que falamos.

Primeiro, vou mostrar a você o que aconselho minha filha de 24 anos a fazer. Ela não liga para investimentos, mas, com esta abordagem simples, não é preciso mesmo se preocupar com o assunto. Tudo que ela precisa fazer é continuar jogando ingredientes na panela e deixar cozinhar. Um belo dia no futuro, ela vai acordar rica. Ao longo do caminho, terá um desempenho superior ao de 82% dos investidores mais ativos e engajados que existem por aí. Vamos chamar essa estratégia de *a carteira de acumulação de riqueza*.

Em seguida, vou compartilhar com você o que minha esposa e eu fazemos como o casal semiaposentado que somos. Vamos chamar nossa abordagem de *a carteira de preservação de riqueza*.

É muito provável que a sua situação seja diferente da nossa. Mas, usando esses dois exemplos como parâmetros e, depois, revisando suas "considerações" pessoais, conforme discutimos no Capítulo 5, você será capaz de transformar essas ferramentas em algo que funcione bem para as suas expectativas.

A CARTEIRA DE ACUMULAÇÃO DE RIQUEZA

Isto é o que criei para a minha filha e a justificativa que dou a ela para que confie no que estou propondo.

Se quiser sobreviver e prosperar como investidor, você tem duas opções: pode seguir a recomendação habitual que examinamos no Capítulo 1 e buscar uma ampla diversificação. Sua esperança é de que isso suavize a sua jornada, ainda que haja uma redução dos retornos de longo prazo...

Fala sério! Você é jovem, agressivo e está lendo este livro para ficar rico. Está pronto para encher seu pote de dinheiro do f***-se o mais rápido possível. Vai se concentrar na classe de ativos com o melhor desempenho da história: ações. Vai pôr a cabeça no lugar, criar coragem e aprender a enfrentar as tempestades.

Você já deve ter ouvido a expressão "Não coloque todos os ovos na mesma cesta".

Talvez tenha escutado também a variação "Coloque todos os seus ovos na mesma cesta e observe-a com muita atenção".

Esqueça. Eis o conselho do seu velho e bom tio Jim:

Coloque todos os ovos na mesma cesta e esqueça-os lá.

A grande ironia de investir é que quanto mais você observa e mexe nos ativos, menor a probabilidade de se dar bem. Encha a cesta com o maior número de ovos possível ao longo dos anos e ignore-a no restante do tempo. Você, é quase certo, vai acordar rico.

Aqui está a cesta: VTSAX – ou procure um fundo que replique o índice da bolsa de valores de seu país. O que não é uma surpresa, se você tiver prestado atenção até agora em tudo o que falei. Esse é o fundo de índice com quase todas as empresas de capital aberto dos Estados Unidos. Isso significa que você terá uma parte de cerca de 4 mil empresas em todo o país, o que tornará sua cesta bem grande e diversificada. Por ser um fundo de baixo custo, ele mantém uma porção maior do dinheiro trabalhando para você.

Ter uma carteira como essa, 100% composta por ações, é considerado uma alocação de investimentos muito agressiva. De fato é, e você deve mesmo ser agressivo nessa fase de acumulação de riqueza. Você tem décadas pela frente e acrescentará mais dinheiro ao longo do caminho. Altas e baixas do mercado não importam, porque você não entrará em pânico e se manterá nos trilhos. E ainda reconhecerá as baixas como oportunidades de comprar "ações em promoção". Talvez daqui a quarenta anos (ou em qualquer momento em que viver da renda de sua carteira), você queira adicionar um fundo de índice de títulos para tornar seu dia a dia mais tranquilo. Mas deixe essa preocupação para depois.

Neste momento, posso até ver os gurus se preparando para me esculachar. Então me deixe explicar.

Mais cedo, exploramos a ideia de que as crises financeiras fazem parte da paisagem e de que os melhores resultados vêm quando esperamos que elas passem. É impossível prevê-las com precisão. Ao longo de sua vida como investidor, você enfrentará muitas. Mas, se tiver resiliência mental, conseguirá apenas ignorá-las.

Então, se concordarmos que podemos acalmar a mente, o

que devemos escolher para enfrentar a tempestade? É óbvio que queremos investimentos com a melhor performance possível. E é claro que são as ações. Se examinarmos todas as classes de ativos, de títulos a imóveis, passando por ouro, terras, arte, cavalos de corrida ou qualquer outro item, as ações oferecem o melhor desempenho ao longo do tempo. Nada se compara a elas.

Tomemos alguns minutos para avaliar por que isso é verdade. As ações são não apenas papeizinhos negociados. Quando tem ações, você tem uma parte de uma empresa. Muitas detêm grandes operações internacionais, permitindo que você participe de todos os mercados do mundo.

Nessas empresas, muitas pessoas trabalham incansavelmente para expandir o negócio e atender sua base de clientes. Elas estão competindo em um ambiente implacável que recompensa quem faz acontecer e dispensa os demais. Essa dinâmica intensa torna as ações, e as empresas que elas representam, a classe de investimentos mais poderosa e bem-sucedida da história.

Uma vez que o VTSAX é um fundo de índice, não precisamos nem nos preocupar com quais empresas terão sucesso e quais fracassarão. Como vimos, um fundo de índice é "autolimpante". Os fracassos desaparecem e o céu é o limite para os vencedores.

Diversos estudos demonstram que uma carteira composta 100% de ações – o que um fundo de índice lhe oferece – proporciona o maior retorno ao longo do tempo. Você terá problemas se ficar com medo e, ao primeiro sinal ruim, sair correndo em meio às tempestades. Mas isso é um viés comportamental seu, não uma desvantagem dessa classe de ativos.

Uma observação: há outros estudos que indicam que uma carteira com 10% a 25% de títulos e 75% a 90% de ações pode superar um pouco uma posição com 100% de ações. Também é menos volátil. Se quiser seguir esse caminho e assumir o processo de reequilibrar de tempos em tempos os investimentos para manter a alocação, não farei nenhuma objeção.

Será mesmo assim tão fácil? Sim. Comecei a investir em 1975. Na época, o VTSAX ainda não tinha sido criado, mas ao longo de quarenta anos, entre janeiro de 1975 e janeiro de 2015, o índice S&P 500 produziu uma taxa de crescimento anualizada de 11,9%.[16] Meros 2.400 dólares por ano (200 dólares por mês) investidos e deixados lá teriam se tornado 1.515.542 dólares[17] em 2015. Durante o mesmo período, um investimento único de 10 mil dólares teria se transformado em pouco mais de 897.905 dólares.[18] Isso apesar de todos os pânicos, colapsos, recessões e desastres que enfrentamos nessas quatro décadas.

Não fui inteligente o bastante, porém, para fazer isso. Mas este é *O caminho simples para a riqueza* que criei para a minha filha, então com 19 anos: coloque todos os ovos em uma cesta grande e diversificada, adicione mais ovos sempre que puder e esqueça que eles estão lá. Quanto mais você acrescentar, mais rápido chegará lá. Pronto.

A CARTEIRA DE PRESERVAÇÃO DE RIQUEZA

Talvez você esteja se aposentando, ou bem próximo dessa meta. Já acumulou riqueza e agora quer preservá-la. Ou talvez não se

---

[16] http://dqydj.net/sp-500-return-calculator/
(Use: Dividends reinvested/ignore inflation [Dividendos reinvestidos/ignorar inflação].)
[17] http://dqydj.net/sp-500-dividend-reinvestment-and-periodic-investment-calculator/
(Clique em "Show Advanced" [Mostrar Avançado] e marque "Ignore Taxes" [Ignorar Impostos] e "Ignore Fees" [Ignorar Taxas].)
[18] Idem.

sinta confortável com a volatilidade de uma carteira formada em sua totalidade, ou em grande parte, de ações. Quer uma jornada mais tranquila.

Sim, eu também. Há alguns anos, quando estava me aproximando da aposentadoria, diversifiquei meus ativos para além do VTSAX. Você deve pensar: como assim? Isso vai ser muito complicado. Vou ter que adicionar outro fundo de índice!

Entramos no mundo da alocação de ativos, o que vai exigir um pouco mais de tempo. Além de acrescentar mais um fundo, teremos que decidir quanto alocar em cada um. Então, mais ou menos uma vez por ano, precisaremos reequilibrar os investimentos para manter as alocações em níveis desejados. Você terá que dedicar algumas horas por ano a isso. Mas dará conta, tenho certeza.

Como sabemos, uma carteira composta 100% de ações – ainda que estejam no VTSAX, bastante diversificado – é considerada algo muito agressivo. Risco alto a curto prazo (leia-se: volatilidade angustiante) recompensado com os melhores resultados ao longo do tempo. É a estratégia perfeita para quem consegue aguentar o tranco da jornada, adiciona mais dinheiro aos seus investimentos e tem uma visão de longo prazo.

Mas essa tática não é para todos. Pode ser que você não queira lidar com esse nível de instabilidade. Ou precise de um pouco mais de paz de espírito. À medida que envelhece, você talvez queira tornar a jornada um pouco mais tranquila, mesmo que isso signifique retornos menores. Você quer dormir à noite.

Agora que estou meio aposentado e somos financeiramente independentes, eu também quero isso. Minha esposa e eu temos algumas outras coisas em nossa carteira. Não muitas, é verdade. Aqui estão, com porcentagens aproximadas:

- **75% de ações:** VTSAX. Ainda é nosso principal investimento, por todos os motivos já expostos.

- **20% de títulos:** VBTLX. Títulos fornecem alguma renda, tendem a suavizar a jornada tempestuosa das ações e são um escudo contra a deflação.
- **5% de dinheiro:** Mantemos o nosso no banco local.

Você pode ajustar essas alocações de acordo com suas circunstâncias pessoais. Quer uma jornada mais tranquila? Está disposto a aceitar um potencial de retorno a longo prazo menor e um acúmulo de riqueza mais lento? É só aumentar a porcentagem em VBTLX. Ou se sente confortável com a volatilidade? Quer mais crescimento? Adicione mais ao VTSAX. Essa fórmula pode ser aplicada a fundos de renda fixa e de índice no seu país.

Agora que apresentamos essa ideia de alocação de ativos, vamos explorá-la um pouco mais a seguir.

CAPÍTULO 14

Como selecionar a alocação de ativos

A vida é feita de equilíbrio e escolhas. Acrescentando um pouco mais aqui, perdemos um pouco ali. Quando se trata de investir, esse equilíbrio e essas escolhas dependem de seu temperamento e seus objetivos.

Aficionados pelo mundo financeiro como eu são exceções. Pessoas sãs não querem se incomodar com esse tipo de processo mental. Minha filha me ajudou a entender esse fato mais ou menos na mesma época em que compreendi que a melhor estratégia para investir é a mais simples.

Investimentos complexos e caros são desnecessários e têm um desempenho inferior. Ficar movendo o dinheiro quase sempre leva a resultados piores. Fazer escolhas sensatas e deixar correr é a essência do sucesso e a alma de *O caminho simples para a riqueza*.

Tendo lido o livro até este ponto, você já tomou consciência disso. Também está ciente de que, tendo a simplicidade como guia, dividimos a vida como investidores em duas grandes fases, usando apenas dois fundos:

- A fase de acumulação de riqueza e a fase de preservação de riqueza. Ou, talvez, uma mistura das duas.
- O VTSAX e o VBTLX.

A fase de acumulação de riqueza é quando você está trabalhando e tem uma entrada de renda, pode economizar e investir. Para essa fase, sou a favor de 100% de ações, e o VTSAX é meu fundo de preferência. Se a meta for a independência financeira, a porcentagem de renda que você economiza deve ser alta. O dinheiro que você investe todo mês serve para suavizar a montanha-russa do mercado.

Você entra na fase de preservação de riqueza assim que se afasta do trabalho e dos contracheques regulares e começa a viver dos rendimentos de seus investimentos. Nesse ponto, recomendo adicionar títulos à carteira. Assim como o dinheiro recém-recebido que você investia quando trabalhava, os títulos ajudam a tornar a jornada mais tranquila.

É claro que no mundo real nem sempre as divisões são tão claras. Você pode acabar ganhando algum dinheiro na aposentadoria. Ou, ao longo dos anos, pode passear entre as duas fases. Talvez largue um emprego bem remunerado para trabalhar ganhando menos em algo que ama. Ao longo da minha carreira, houve muitas ocasiões em que decidi parar de trabalhar por meses ou até anos. Toda vez que fiz isso, mudei de fase.

Se usar essa estrutura, você tem todas as ferramentas necessárias para encontrar seu próprio equilíbrio. Considere ainda dois fatores: o nível de esforço que está disposto a despender e a tolerância ao risco.

Esforço

Para a fase de acumulação de riqueza, alocar 100% em ações usando o VTSAX é o auge da simplicidade. Mas, como vimos, alguns estudos sugerem que adicionar uma pequena porcentagem de títulos – digamos, de 10% a 25% – supera a estratégia de ter 100% dos investimentos em ações. Você pode ver esse efeito brincando com as várias calculadoras disponíveis na internet. Ao fazer isso, perceberá que a adição de títulos além de 25% começa a prejudicar os resultados.

Lembre-se de que esses estudos não são gravados em pedra e todas as calculadoras fazem certas suposições sobre o futuro. A diferença nos resultados projetados entre 100% de ações e uma mistura 80/20 de ações e títulos é minúscula. É provável que o desdobramento desses resultados ao longo das décadas seja bem parecido e o vencedor final é imprevisível. Por isso, e para favorecer a simplicidade, recomendo uma carteira 100% em ações usando o VTSAX.

Dito isso, se estiver disposto a trabalhar um pouco mais, você pode tornar a jornada um pouco mais tranquila e ter um desempenho melhor ao longo do tempo se acrescentar entre 10% e 25% em títulos. Se aceitar meu conselho, o ideal é reequilibrar os fundos uma vez ao ano para manter a alocação. Além disso, faça uma reavaliação sempre que houver um movimento importante no mercado, da ordem de 20% ou mais, para cima ou para baixo. Isso significa que você vai vender cotas da classe de ativos com melhor desempenho e comprar cotas do que tiver uma performance pior.

O ideal é que faça isso em um investimento com vantagens fiscais para que não precise pagar impostos sobre quaisquer ganhos de capital ou tenha algum tipo de retorno, como um Plano Gerador de Benefício Livre (PGBL), que pode permitir a dedução do que é pago na declaração de imposto de renda. Ter que pagar impostos sobre ganhos de capital seria uma grande desvantagem e mais um motivo para se concentrar em ter apenas cotas do VTSAX. O processo de revisão de alocação é simples e pode ser feito on-line com a maioria das empresas de investimento (ou até sozinho). Leva apenas algumas horas por ano. Mas, assim como trocar o óleo do carro, é fundamental que você não se esqueça disso.

Se não tiver certeza de que se lembrará de reequilibrar ou não quiser ter esse trabalho, TRFs (fundos com data-alvo) são uma boa opção para investir no mercado americano. Eles permitem que você escolha sua alocação e, então, a revisam automaticamente. Custam um pouco mais que os fundos de índice simples que você usaria para fazer isso sozinho – porque pagará por esse serviço extra –, mas ainda assim têm baixo custo. Iremos discuti-los de forma mais detalhada no Capítulo 16.

Fatores de risco

Temperamento se refere à sua capacidade pessoal de lidar com riscos. Só você pode decidir se vai ser mais ousado, e este é o momento de ser honesto consigo mesmo.

Flexibilidade diz respeito ao seu nível de disposição e à sua capacidade de ajustar seus gastos. Você pode apertar o cinto, se necessário? Está disposto a se mudar para uma cidade onde o custo de vida seja menor? Consegue voltar ao trabalho? Criar fontes de renda extra? Quanto mais rígidos os seus requisitos de estilo de vida, menor o risco que pode suportar.

Quanto você tem para investir? Como discutiremos na Parte IV, a regra básica dos 4% é uma boa diretriz para decidir os rendimentos que se pode esperar que seus ativos forneçam ao longo do tempo. Se você precisa de cada centavo desses 4% apenas para pagar as contas, sua capacidade de lidar com o risco cai. Se você gasta os 4%, mas grande parte deles vai para lazer, como viagens, pode lidar com mais riscos.

Depois de avaliar o esforço e o risco, eis algumas perguntas a considerar.

Quando devo migrar para os títulos?

Isso vai depender muito de sua tolerância ao risco e de sua situação pessoal.

Para a transição mais suave possível, você pode começar a migrar aos poucos para a alocação de títulos cinco ou dez anos antes de se aposentar. Em especial se tiver uma data fixa em mente.

Se for flexível quanto à data de aposentadoria e mais tolerante ao risco, você pode manter toda a sua carteira em ações até se aposentar. Com isso, o potencial mais forte das ações pode fazer com que esse momento chegue mais cedo. No entanto, se o mercado se mover na direção contrária à desejada, você precisará estar disposto a adiar um pouco a aposentadoria.

Claro, sempre que alternar entre as fases de acúmulo e preservação, o ideal é reavaliar e ajustar sua alocação.

Equilíbrio e escolhas. Yin e yang.

A idade faz diferença?

Prefiro dividir nossas fases de investimento em ciclos de vida em vez de usar o parâmetro mais típico da idade.

Sabemos que hoje as pessoas vivem mais e se dedicam a muitas atividades. Em particular os leitores deste livro. Há quem esteja se aposentando muito cedo. Alguns indivíduos estão deixando empregos com salários maiores para trabalhar com coisas que dão menos dinheiro, mas que refletem melhor seus valores e interesses. Outros, como eu, trabalham e fazem pausas de acordo com o que lhes convém, mudando de fase com fluidez.

Portanto, a idade parece não importar, pelo menos não tanto quanto antigamente.

Dito isso, o avanço da idade começa, sim, a limitar suas opções. A discriminação etária é algo muito real, ainda mais no mundo corporativo. À medida que envelhece, você talvez não tenha as mesmas opções de que dispunha na juventude. Se a sua meta de vida é largar um emprego bem remunerado quando tiver algo mais interessante para fazer, você deve levar isso em conta na hora de investir.

Conforme envelhece, você tem cada vez menos tempo para que os rendimentos compostos de seus investimentos façam seu trabalho e se recuperem de baixas do mercado. Reflita sobre isso.

Esses dois fatores influenciarão seu perfil de risco. Se for o caso, talvez seja bom pensar em adicionar títulos um pouco mais cedo.

Existem meses ideais para reequilibrar as alocações?

Na verdade, não. Ainda não vi nenhuma pesquisa confiável que indique que determinada época do ano seja melhor. E, ainda que alguém descobrisse, todo mundo usaria essa informação e o efeito seria anulado.

Sugiro evitar o final/início do ano. É um momento popular para a reengenharia de alocações, em que há muita gente vendendo e comprando. Prefiro evitar as distorções de curto prazo que isso pode causar. Aqui em casa, fazemos isso uma vez ao ano, no aniversário da minha esposa. Aleatório e fácil de lembrar.

Fazer realocações mais frequentes implica melhora no desempenho?

As empresas de investimento que prestam esse serviço afirmam que realocações podem compensar ao longo do tempo, mas não estou certo de que seja verdade. Aliás, tendo a me inclinar na direção contrária. O que me deixa alinhado com John Bogle.

Bogle apontou para uma pesquisa que a Vanguard fez comparando as carteiras de ações e títulos que foram reequilibradas todo ano com aquelas que nunca foram reequilibradas. Os resultados mostram que as reequilibradas tiveram desempenho melhor, mas por uma margem tão pequena que pode ser atribuído tanto ao acaso quanto à estratégia. A conclusão a que ele chegou:

> Reequilibrar é uma decisão pessoal, e não uma escolha que as estatísticas possam validar. Não há nada de errado em fazê-lo (embora eu não o faça), mas não há motivo para se preocupar demais com pequenas mudanças na relação patrimonial.

Continuamos reequilibrando nossos ativos todos os anos, mas, se eu tivesse de fazer uma mudança, seria não me preocupar mais com isso.

Essas são as considerações que você precisará revisar e as ferramentas que terá de usar para criar a alocação de ativos que melhor se adapte à sua situação.

Mas por que diabos não incluí fundos internacionais nessa mistura, ao contrário de quase todas as pessoas que escrevem sobre investimentos? É o que analisaremos a seguir.

CAPÍTULO 15

Fundos internacionais

Como já discutimos, a maioria dos consultores recomenda uma variedade muito maior de fundos e classes de ativos que os dois que sugeri. Depois do susto tremendo da implosão do mercado em 2008-2009, muitos deles aconselham que se invista em tudo, na esperança de que algumas dessas apostas deem resultado. Para fazer isso do jeito certo, seria preciso muito esforço para entender as classes de ativos, decidir as porcentagens para cada um, escolher como investir neles, fazer o acompanhamento e reequilibrar de tempos em tempos. Tudo isso por um desempenho que, é bem provável, ficará abaixo da média.

Ainda assim, minha carteira de preservação de riqueza, composta por apenas dois fundos, parece incompleta até para algumas pessoas que aceitam as vantagens da simplicidade. Os leitores de www.jlcollinsnh.com são muito espertos, e os ativos ausentes sobre os quais eles mais perguntam são as ações internacionais.

Quase todas as outras alocações que se veem por aí têm um componente internacional, então por qual razão não aparecem em nosso caminho simples? Por três motivos: riscos adicionais, despesas adicionais e controle sobre tudo.

1. Riscos adicionais

Há o risco de moeda. Empresas internacionais operam na moeda de seu país de origem. Como essas moedas flutuam em relação ao dólar americano, existe uma dimensão adicional de risco em fundos internacionais.

E há ainda o risco contábil. Poucos países – em especial nos mercados emergentes – oferecem os padrões de contabilidade transparentes exigidos nos Estados Unidos. Ainda assim, empresas como a Enron às vezes cometem fraudes e detonam seus investidores. Quanto mais fraca a estrutura regulatória em vigor, maior o risco envolvido.

2. Despesas adicionais

O VTSAX tem um coeficiente de despesas de 0,05% e custos baixíssimos. Embora mais baratos que fundos da mesma categoria, até os fundos internacionais de baixo custo da Vanguard têm coeficientes de despesas que correspondem pelo menos ao dobro disso.

3. Controle sobre tudo

Os principais motivos citados para investir em fundos internacionais são estes: evitar a dependência da economia norte-americana e ter exposição ao potencial de crescimento das classes de ativos mundiais não correlacionadas com o mercado americano. Mas já temos isso sob controle.

No que diz respeito ao primeiro motivo, as quinhentas maiores ações dos Estados Unidos compõem cerca de 80% do VTSAX.

As maiores empresas entre essas quinhentas são todas internacionais, muitas das quais geram 50% ou mais de suas vendas e de seus lucros no exterior. Companhias como Apple, GE, Microsoft, Exxon/Mobil, Berkshire Hathaway, Caterpillar, Coca-Cola e Ford, entre outras. Uma vez que essas empresas nos oferecem um acesso sólido ao crescimento dos mercados mundiais – ao mesmo tempo que filtram boa parte dos riscos adicionais –, não há necessidade de investir mais em fundos internacionais específicos.

O segundo motivo citado com mais frequência é a expectativa de que o desempenho dos mercados internacionais não seja correlacionado com o dos Estados Unidos e o do seu país. Isto é, quando um está em alta, o outro pode estar em baixa. A ideia é que ter investimentos internacionais como parte de sua alocação de ativos ajuda a deixar as coisas mais tranquilas e oferece a perspectiva de retornos maiores por meio de realocações. O problema é que, à medida que as economias do mundo se tornam cada vez mais interligadas, essa variação no desempenho de seus mercados vai desaparecendo. Sempre haverá exceções causadas por eventos geopolíticos, mas os mercados mundiais estão se tornando cada vez mais correlacionados.

Essa é minha opinião. Sua visão de mundo, porém, pode levá-lo a uma conclusão diferente. Se esse for o caso – e você sentir necessidade de mais exposição internacional do que a embutida no VTSAX –, há excelentes opções de fundos internacionais, e alguns deles nem sequer investem em ações americanas. Vale avaliar estes aqui:

- VFWAX: FTSE all-World ex-U.S. Index Fund (coeficiente de despesas: 0,13%).
- VTIAX: Total International Stock Index Fund (coeficiente de despesas: 0,12%).

Ambos investem no mundo todo com exceção dos Estados Unidos, que já estarão cobertos pelo VTSAX.

Se preferir a maior simplicidade possível, com um custo um pouco mais alto, dê uma olhada em:

- VTWSX: Total World Stock Index Fund (coeficiente de despesas: 0,25%).

Esse fundo investe no mundo inteiro, incluindo uma alocação de cerca de 50% nos Estados Unidos. Com ele, você não precisa mais ter cotas do VTSAX.

Embora eu não queira investir em fundos internacionais, não me oponho à ideia de quem se arrisca a fazê-lo. É bom se certificar apenas daquilo que você já tem com o VTSAX e levantar o custo em taxas e riscos adicionais que esses fundos embutem.

CAPÍTULO 16

Fundos de previdência com data-alvo: o caminho mais simples para a riqueza

Embora na *carteira de acumulação de riqueza* seja necessário apenas um fundo e zero esforço para investir, na *carteira de preservação de riqueza* você precisará ter dois fundos. Então, pode se perguntar: "Dois fundos? E tenho que reequilibrá-los todos os anos? É coisa demais para acompanhar!" Talvez discorde do que eu escrevi no capítulo anterior. Talvez pense até em ter "alguma exposição internacional na carteira".

Eu compreendo suas dúvidas. Você quer trilhar o caminho mais simples possível. Prefere comprar apenas um fundo e mantê-lo até o dia de sua morte. Quer que alguém resolva essa história de alocação de ativos. Você tem pontes para construir, nações para administrar, obras-primas para criar, doenças para curar, negócios para montar, praias para descansar. Estou aqui para ajudar.

E, o que é mais importante, a Vanguard também está, com 12 fundos de previdência com data-alvo. Aliás, outras empresas de fundos mútuos oferecem esse produto – mas, como você sabe, a Vanguard é a primeira escolha deste autor. Se o seu plano de previdência tem apenas um dos outros fundos, o que vou dizer a seguir (a não ser pelos coeficientes de despesas) também se aplica a ele.

Ao visitar o site www.vanguard.com, você verá que esses 12 fundos vão até a data-alvo de aposentadoria 2065. Há também um fundo para quem já está aposentado, a partir dos 72 anos. A ideia é que você escolha o ano em que pretende se aposentar e encontre o fundo apropriado. Além de acrescentar o máximo de dinheiro que puder ao longo dos anos e se organizar para arcar com os custos de resgate quando chegar a hora, você não precisará fazer mais nada. É uma solução bonita e elegante.

Vamos dar uma olhada no funcionamento dessa máquina.

Os fundos de previdência com data-alvo são conhecidos como "fundos de fundos". Isso significa que eles têm cotas de vários outros fundos, cada qual com objetivos de investimento diferentes. No caso da Vanguard, são todos fundos de índice de baixo custo. E isso é muito bom. Cada fundo de previdência com data-alvo até 2065 detém cotas de apenas quatro outros fundos:

- Total Stock Market Index Fund (fundo de índice do mercado de ações).
- Total Bond Market Index Fund (fundo de índice do mercado de títulos).
- Total International Stock Market Index Fund (fundo de índice do mercado de ações internacional).
- Total International Bond Stock Market Index Fund (fundo de índice do mercado de títulos internacional).

A esses quatro, os fundos com datas-alvo mais curtas acrescentam:

- Short-Term Inflation-Protected Securities Index Fund (fundo de índice de títulos de curto prazo protegidos contra a inflação).

Conforme os anos passam e a data de aposentadoria escolhida se aproxima, os fundos vão ajustar de forma automática o saldo retido, tornando-se cada vez mais conservadores e menos voláteis. Os coeficientes de despesas variam de 0,14% a 0,16%, dependendo do produto. Não são tão baixos quanto um fundo de índice básico como o VTSAX (0,05%), mas muito bons se considerarmos a simplicidade extra que esses fundos oferecem.

Quais são as desvantagens? Há quem diga que os fundos se tornam conservadores demais muito cedo. Mas há quem reclame que são muito agressivos por tempo demasiado. Na minha opinião, a Vanguard acerta quase em cheio. Talvez seja um pouco conservadora para mim, pessoalmente, mas é porque meu perfil é mais agressivo. Isso é fácil de ajustar. Se quiser uma abordagem mais conservadora (uma porcentagem maior de títulos), escolha uma data anterior àquela em que você pretende se aposentar de fato. Quanto mais cedo a aposentadoria, mais conservadora a alocação de ativos. Se quiser ser mais agressivo (maior percentual de ações), basta escolher uma data posterior.

Outras empresas de fundos usam alocações diferentes para datas de aposentadoria distintas. Se a empresa em que você trabalha oferecer um desses planos de previdência privada, você precisará dar uma olhada para decidir de acordo com as especificidades. Mas os mesmos princípios se aplicam a ele.

Considerando esses benefícios e custos mais baixos, sinto-me confortável em recomendar fundos de previdência com data-alvo. São uma excelente escolha para muitas pessoas, diria até para a maior parte delas. Ao longo do tempo, esses fundos vão superar a maioria das estratégias de investimento com gestão ativa.

No entanto, tenho uma ligeira preferência pelas abordagens descritas nos capítulos anteriores. Eis os motivos:

- Os coeficientes de despesas são ainda mais baixos que os dos fundos de previdência com data-alvo.
- Todos os fundos de previdência com data-alvo detêm cotas do fundo de índice total do mercado de ações internacional. Embora ele seja um fundo excelente, como discutimos no Capítulo 15, não sinto necessidade de mais cobertura internacional além da encontrada no fundo de índice total do mercado de ações, VTSAX.
- Com fundos separados, posso manter meus títulos no cesto de benefício fiscal, protegendo os lucros e dividendos dos impostos. Se você decidir comprar cotas de um fundo de previdência com data-alvo, é melhor mantê-las em um local com vantagens fiscais.

Onde você pode encontrar fundos de previdência com data-alvo?

Esses fundos se tornaram muito populares como opções nos planos de aposentadoria oferecidos por empregadores, porque a maioria das pessoas tem pouquíssimo interesse em investir. E esses fundos fornecem uma solução eficaz, simples e equilibrada, em que o funcionário só precisa tomar uma decisão. Como esses planos de aposentadoria são isentos de impostos, o lucro vindo dos títulos e os dividendos das ações não são tributados. Exceto para casos específicos, em que será preciso pagar impostos quando o dinheiro for retirado após a aposentadoria.

Qual a melhor atitude a tomar?

Se o plano de aposentadoria de sua empresa oferece fundos de previdência com data-alvo da Vanguard, ou equivalentes de baixo custo de outra gestora, vale a pena levá-los em consideração.

Se quiser uma carteira que seja o mais simples possível e ainda assim eficaz, esse tipo de fundo é para você. Ele tem o selo de aprovação de *O caminho simples para a riqueza*.

CAPÍTULO 17

E se você não puder comprar cotas do VTSAX nem da Vanguard?

Ao longo deste livro, recomendei dois fundos mútuos específicos:

- VTSAX (fundo de índice total do mercado de ações da Vanguard).
- VBTLX (fundo de índice total do mercado de títulos da Vanguard).

Tenho cotas de ambos. Nos dois casos, são da versão "Admiral Shares" dessas carteiras, que têm coeficientes de despesas baixíssimos, mas exigem um investimento mínimo de 10 mil dólares.

Embora atendam melhor às minhas necessidades, essas versões "Admiral Shares" podem não se encaixar no seu perfil. Talvez você esteja apenas começando e o mínimo de 10 mil dólares seja uma quantia alta demais para o seu bolso. Ou talvez essas versões não sejam oferecidas no plano de previdência privada de sua empresa.

A Vanguard é a única gestora de recursos que recomendo ou uso, e veremos o porquê no capítulo seguinte. Mas a própria

Vanguard pode ser de difícil acesso no país onde você mora ou no benefício de previdência que lhe é oferecido. Não se preocupe. Vamos explorar algumas alternativas.

VARIAÇÕES NOS FUNDOS

O primeiro ponto a levantar é que o VTSAX e o VBTLX são fundos que detêm carteiras com cotas, respectivamente, do índice total do mercado de ações e do índice total do mercado de títulos. São as carteiras que importam. O mesmo portfólio mantido pelo VTSAX, por exemplo, pode ser encontrado em seis outros fundos, ou o que a Vanguard chama de "classes". Abaixo, preparei uma lista deles, com os coeficientes de despesas e o investimento mínimo exigido

Os três primeiros são para nós, investidores individuais:

- Admiral Shares: VTSAX 0,05%/ 10 mil dólares.
- Investor Shares: VTSMX 0,17%/ 3 mil dólares.
- ETF: VTI 0,05% (Exchange Traded Fund, ou fundo de índice negociado na bolsa).

Você pode comprar ETFs sem um investimento mínimo, assim como uma ação qualquer. Observe que o coeficiente de despesas é de apenas 0,05%, igual ao das Admiral Shares. Por isso, algumas pessoas preferem comprar o ETF em vez do fundo de Investor Shares. Faz sentido, mas tome cuidado. Ao comprar ou vender ETFs, assim como ocorre com uma ação, saiba que há comissões e/ou *spreads* (a diferença entre os preços de compra e venda de uma ação). Esses custos adicionais podem suplantar o que você economizaria com o coeficiente de despesas, a menos que tenha acesso a transações gratuitas.

Os próximos três são "Ações Institucionais", que você talvez encontre no plano de previdência patrocinado por seu empregador:

- VITPX: 0,02%/ 200 milhões de dólares.
- VITNX: 0,04%/ 100 milhões de dólares.
- VITSX: 0,04%/ 5 milhões de dólares.

Então, quando eu recomendar o VTSAX, você pode substituí-lo por qualquer um desses fundos, caso um deles se aplique às suas necessidades. O importante é que você comprará a carteira do Vanguard Total Stock Market Index (índice total do mercado de ações).

Variações semelhantes podem ser encontradas para o VBTLX e sua carteira de Total Bond Market Index (índice total do mercado de títulos). Ao visitar o site www.vanguard.com e buscar VBTLX, você encontrará a página principal desse fundo. No topo, abaixo do nome do fundo, verá links para as versões Investor e ETF.

QUANDO A VANGUARD NÃO É UMA OPÇÃO NO PLANO DE BENEFÍCIO FISCAL DO SEU EMPREGADOR

A Vanguard tem um negócio institucional muito ativo para atender a programas de previdência e similares, mas talvez não esteja disponível no pacote de benefícios de sua empresa. No entanto, ainda que o plano com vantagens fiscais oferecido por seu empregador não inclua os fundos da Vanguard, você deve participar dele, contribuindo no mínimo com a quantia que sua empresa igualará. Depois que deixar esse emprego, você pode levar seus investimentos para a Vanguard.

Assim, sem a Vanguard em seu plano, a questão se resume a como selecionar a melhor alternativa, que, você já sabe, é um fundo de índice de ações e/ou de títulos de baixo custo.

A boa notícia é que, por causa da pressão competitiva da Vanguard, quase todas as outras grandes empresas de fundos mútuos, inclusive fora dos Estados Unidos, oferecem fundos de índice de baixo custo. Do mesmo modo que observamos variações do VTSAX na Vanguard, você encontrará uma alternativa razoável que caiba em seus planos. Aqui estão os fatores a considerar:

1. Fundo de índice de baixo custo.
2. Fundos com vantagens fiscais para manter por décadas: prefiro um fundo de índice total do mercado de ações, mas um fundo de índice S&P 500 é boa opção.
3. Fundo de índice total do mercado de títulos: caso isso se adéque às suas necessidades ou preferências. A maioria dos planos oferece esse tipo de fundo.
4. Fundos de previdência com data-alvo: são oferecidos em planos de previdência e podem ser uma ótima escolha. Mas fique atento às taxas. São sempre mais altas que as de fundos de índice, às vezes bem mais altas. Fundos de previdência com data-alvo da Vanguard, por exemplo, têm coeficientes de despesas que variam de 0,14% a 0,16%, comparados a 0,05% do VTSAX. Em outras empresas, podem ser até cinco ou seis vezes mais elevados.

Para os leitores internacionais

Se você mora fora dos Estados Unidos, talvez não tenha acesso à Vanguard e a seus fundos. A empresa está crescendo bem rápido e, hoje, está disponível em muitos países. Verifique se o seu consta da lista em www.global.vanguard.com.[19]

Se a Vanguard não for uma opção, siga as mesmas diretrizes já descritas para planos com vantagens fiscais quando for procurar fundos.

Quando falo sobre o VTSAX, ou qualquer fundo de índice total do mercado de ações, estou me referindo a índices que refletem o mercado norte-americano. Como expliquei no Capítulo 15, isso é tudo de que nós, nos Estados Unidos, precisamos. Mas você talvez ache difícil acessar um fundo tão centrado no mercado daqui.

Dê uma olhada, então, em um fundo global como o VTWSX (índice total de ações mundiais da Vanguard). Esse é um fundo de índice que investe em todo o mundo. De certa forma, gosto ainda mais dele do que de meu amado VTSAX. Não o recomendo apenas por causa de seu coeficiente de despesas relativamente alto (0,25%) e porque o VTSAX cobre muito bem o mercado internacional pelos motivos que descrevo no Capítulo 15.

Se estiver inclinado a seguir por esse caminho, talvez valha a pena considerar a versão ETF de baixo custo, o VT (Vanguard Total World Stock ETF). Em geral, costumo evitar ETFs (fundos negociados em bolsa), por causa da possibilidade de comissões de vendas e/ou *spreads*. No entanto, como o coeficiente de despesas sobre o VT é de 0,14% versus 0,25%, vale a pena levá-lo em consideração. Apenas tome cuidado com os custos de transação ao comprá-lo.

Um último aviso: certifique-se de que qualquer fundo global que escolher inclua o mercado norte-americano. Ele represen-

---

[19] Em maio de 2022 ainda não era possível comprar fundos da Vanguard no Brasil. Mas qualquer pessoa pode fazer isso desde que tenha conta em uma corretora no exterior, em país onde a gestora opera. (N. do E.)

ta uma parcela enorme da economia mundial, e você não pode deixar de participar dela. Muitos fundos "internacionais" – em especial os que são oferecidos por gestoras americanas, como a Vanguard – não incluem ações com sede nos Estados Unidos. Isso ocorre porque são projetados para complementar as participações de investidores que já estão no mercado norte-americano com o VTSAX e similares. Faz sentido, mas é provável que não atenda às suas necessidades como investidor de fora dos Estados Unidos.

Resumo da ópera

Se não tivesse acesso aos dois fundos específicos – VTSAX e VBTLX –, ou às suas versões institucionais com coeficiente de despesas ainda mais baixo, eu procuraria as variações da Vanguard que entregassem as mesmas carteiras de índices de ações e títulos.

Se não tivesse acesso à Vanguard, eu procuraria fundos semelhantes de baixo custo de qualquer gestora de investimento sólida que estivesse disponível.

E, se o futuro me oferecesse uma oportunidade, eu transferiria meus títulos para a Vanguard assim que fosse possível.

CAPÍTULO 18

O que é que a Vanguard tem, afinal?

Se você me acompanhou até aqui, sabe que sou um defensor convicto de investir em fundos de índice da Vanguard. A menos que você não tenha escolha (conforme discutido no Capítulo 17), sugiro com veemência que lide apenas com a Vanguard.

É compreensível que essa recomendação ousada suscite algumas questões. Neste capítulo, abordaremos as quatro mais comuns:

1. O QUE TORNA A VANGUARD TÃO ESPECIAL?

Em 1975, John Bogle fundou a Vanguard com uma estrutura que até hoje é única no mundo dos investimentos. A gestora é propriedade dos clientes e operada pelo valor de custo.

Parece ser bem interessante à primeira vista, mas o que significa de fato?

Como um investidor em fundos da Vanguard, o seu interesse e o do provedor são idênticos. O motivo é simples. Os fundos da Vanguard – e, consequentemente, os investidores – são os donos da empresa.

Todas as outras gestoras de recursos precisam servir a dois mestres: os proprietários da empresa e os investidores em seus fundos. As necessidades das duas pontas nem sempre – ou quase nunca – estão alinhadas.

Para entender a diferença, vamos ver como outras firmas de investimento são estruturadas. Existem duas opções:

- Podem ser propriedade privada, como em uma empresa familiar. A Fidelity Investments é um exemplo.
- Podem ser negociadas publicamente e pertencer aos acionistas. A T. Rowe Price é uma delas.

Nos dois casos, os proprietários esperam um retorno para o investimento, algo bastante compreensível. Esse retorno vem dos lucros que a firma gera na operação dos fundos mútuos. Os lucros são o que sobra depois de contabilizar os custos operacionais – salários, aluguel, suprimentos, etc.

Servir os acionistas dos fundos mútuos é apenas um meio de obter essa receita, pagar as contas e gerar o lucro que a empresa paga aos proprietários. A receita vem das taxas cobradas dos acionistas de cada um dos fundos da companhia.

Quando tem cotas de um fundo mútuo por meio da Fidelity ou da T. Rowe Price, ou de qualquer empresa de investimento que não seja a Vanguard, você está pagando os custos operacionais do fundo e um lucro que vai para os proprietários da empresa.

Se eu fosse um dos proprietários da Fidelity ou da T. Rowe Price, desejaria que as taxas e os lucros resultantes fossem tão altos quanto possível. Como acionista de um dos fundos, desejaria que essas taxas fossem bem baixas. Mas adivinhe só o que acontece: as taxas são bastante altas.

Quero deixar claro que não há nada errado com esse modelo de negócio. É assim que a maioria das empresas opera.

Quando você compra um iPhone, estão incluídos no preço todos os custos de criar, fabricar, transportar e vender aquele telefone para você, além de um lucro para os acionistas da Apple. A Apple define o alto preço do iPhone de acordo com os custos, as expectativas de lucro e o objetivo de vender o máximo de aparelhos que puder. O mesmo raciocínio vale para uma firma de investimentos.

Não foi por implicância que não escolhi a Fidelity e a T. Rowe Price como exemplos. Ambas são companhias excelentes, que oferecem ótimos fundos mútuos. No entanto, uma vez que precisam gerar lucro para os proprietários, têm uma desvantagem de custo significativa em relação à Vanguard. Assim como todas as outras empresas de investimento.

A genialidade de Bogle – para nós, investidores – foi fazer com que os proprietários de sua nova firma fossem os fundos mútuos que ela opera. Uma vez que nós, os investidores, somos os donos desses fundos por meio de nossas cotas, somos os donos da Vanguard. Quaisquer lucros gerados pelas taxas que pagamos voltariam para nossos bolsos. Como esse processo seria bastante ilógico e complicado – e, mais importante ainda, seria uma transação tributável –, a Vanguard foi estruturada para operar "a preço de custo". Ou seja, cobrando apenas as taxas mínimas necessárias para cobrir os custos operacionais dos fundos.

No que isso se traduz no mundo real?

Essas taxas são descritas como "coeficientes de despesas". O coeficiente de despesa médio na Vanguard é de 0,18%. A média do setor é de 1,01%. Isso pode não parecer muito, mas, ao longo do tempo, a diferença se amplia, e esse é um dos principais motivos para a Vanguard prezar tanto pelo bom desempenho quanto pela vantagem no custo.

Com a Vanguard, você é o proprietário de seus fundos mútuos e, por meio deles, da própria empresa. Seus interesses e os da gestora coincidem. Isso é algo raro e belo, único no mundo dos investimentos.

2. POR QUE ME SINTO CONFORTÁVEL COM TODOS OS MEUS ATIVOS EM UMA SÓ EMPRESA?

A resposta é simples: porque meus ativos não estão investidos na Vanguard, e sim nos fundos mútuos da Vanguard e, por meio deles, em ações e títulos individuais que esses fundos detêm. Mesmo se a Vanguard implodisse (uma possibilidade ínfima), os investimentos subjacentes não seriam afetados. Eles são separados da *empresa* Vanguard. Como todos os investimentos, carregam riscos, mas nenhum desses riscos é diretamente ligado à gestora.

Como essas informações tendem a se tornar muito complexas, os pouquíssimos leitores que se importam de fato podem buscar outros dados com facilidade no Google. Para o nosso propósito aqui, é importante saber que você não está investindo na Vanguard em si, mas em um ou mais fundos mútuos que ela administra.

- Os fundos mútuos da Vanguard são mantidos como entidades separadas. Seus ativos são separados dos da Vanguard. Cada um deles tem seus próprios seguros antifraude e um conselho de diretores encarregado de ficar de olho em tudo. Na prática, cada qual é uma empresa operada de forma independente, mas sob a égide da Vanguard.
- Ninguém na Vanguard tem acesso ao seu dinheiro e, portanto, ninguém pode fugir com ele.
- A Vanguard é regulamentada pela SEC, a comissão de valores mobiliários dos Estados Unidos.

Todas essas informações, aliás, valem também para outras firmas de investimento de fundos mútuos, como a Fidelity e a T. Rowe Price. É muito provável que as empresas oferecidas em seu plano de previdência privada sejam boas e seguras.

Se você tiver um plano de aposentadoria com coparticipação do empregador, mas que não oferece fundos da Vanguard, invista neles ainda assim. O regime fiscal e quaisquer equiparações de contribuição por parte da sua empresa tornam esses planos atraentes mesmo que as opções de fundos não sejam as melhores possíveis e as taxas sejam altas.

3. E se a Vanguard desaparecer?

Se o mundo tivesse acabado em 21 de dezembro de 2012, como sugeria o calendário maia, tudo que você tivesse investido na Vanguard (ou em qualquer outro lugar) teria evaporado. Mas, claro, isso não aconteceu.

Se um meteoro gigante colidir com a Terra, incendiando o mundo, e em seguida houver um inverno nuclear, seus investimentos vão virar pó.

Se os alienígenas chegarem e nos escravizarem – a menos que você tenha comprado contratos futuros de confinamentos humanos –, sua carteira será prejudicada.

Mas tudo isso é improvável e está fora de nosso controle – e bem fora do escopo deste livro.

Dito isso, desastres menores podem acontecer e de fato acontecem. A Vanguard tem sede em Malvern, na Pensilvânia. E se, Deus me livre, Malvern fosse alvo de um ataque nuclear terrorista? Ou de um ataque cibernético? Um furacão? Uma epidemia? Falta de energia elétrica?

Todas as grandes empresas e instituições estão cientes desses perigos, e cada uma delas criou um Plano de Recuperação de Desastres. O plano da Vanguard é um dos mais abrangentes. A firma está espalhada por diversas localidades. Seus dados são mantidos em sistemas múltiplos e redundantes. Se desejar, você pode conferir o plano completo em www.vanguard.com.

No entanto, se você está esperando um evento que destruirá o planeta, ou até mesmo nossa civilização, a Vanguard não é para você. Nesse caso, nenhum investimento será. Melhor estocar enlatados em seu abrigo subterrâneo. Se não for o seu caso, porém, pode dormir tranquilo com os ativos na Vanguard. Eu durmo.

4. Estou ganhando algo com isso?

Este livro é um defensor tão fervoroso da Vanguard que é razoável o leitor perguntar se eu estou ganhando algo com isso.

Não. A Vanguard não soube que eu estava escrevendo este livro antes da publicação e não é anunciante do meu blog. Nem me paga de maneira alguma.

CAPÍTULO 19

Os investimentos em previdência privada

Até agora, examinamos o mercado e alguns exemplos de carteiras montadas a partir dos dois principais fundos de índice aos quais dou preferência e de fundos de previdência com data-alvo, fundos multimercado que têm um risco definido e nos quais o gestor monta a carteira de acordo com esse nível de exposição. Esses fundos são o que chamamos de investimentos.

Mas, em nosso mundo complexo, precisamos pensar onde manter esses investimentos. Ou seja, como agrupá-los? É importante entender que os fundos 401k (produto semelhante a fundos de previdência privada, no Brasil) e IRA (Individual Retirement Account, ou fundos em que indivíduos podem investir para a aposentadoria), entre outros, *não* são investimentos em si. Pense neles como as cestas onde guardamos os investimentos que escolhemos. Em termos gerais, existem dois tipos de cesta:

1. As cestas comuns.
2. As cestas com vantagens fiscais.

Neste ponto, devo pedir desculpas aos meus leitores internacionais. Este capítulo e o próximo serão muito centrados na realidade dos Estados Unidos. Desconheço por completo a situação fiscal e/ou possíveis cestas com vantagens fiscais em outros países. Eu apostaria que, pelo menos nas democracias de estilo ocidental, há muitas semelhanças. A maioria das economias modernas reconhece o valor de investir e busca incentivar esse hábito. Minha esperança é que as informações que compartilho possam ser relevantes onde você vive. Caso contrário, sinta-se à vontade para pular esses capítulos.[20]

Nos Estados Unidos, o governo tributa dividendos, juros e ganhos de capital.[21] No entanto, criou vários grupos de ativos com incentivos fiscais para estimular a poupança para a aposentadoria. Embora a intenção seja boa, esse fato produziu um novo nível de complexidade. Muito já foi escrito sobre cada um desses grupos e as estratégias associadas a eles. Não temos tempo nem espaço para detalhar todos, mas espero poder oferecer uma explicação simples de cada um deles.

A cesta comum é onde deixamos investimentos que não fazem parte de nenhum plano com vantagens fiscais. É, em certo sentido, uma cesta inexistente, o lugar onde colocaríamos todos os nossos ativos se não houvesse taxação sobre os lucros de um investimento ou oportunidades para adiar o pagamento desses impostos. Simplesmente teríamos o que teríamos.

É aqui que devemos pôr os investimentos que já são "eficientes" do ponto de vista fiscal. Em geral, são ações e fundos mútuos que pagam dividendos qualificados (dividendos que re-

---

[20] Ao final do capítulo, esta edição brasileira traz informações referentes aos planos de previdência no Brasil. (N. do E.)
[21] Dividendos ainda são isentos no Brasil, embora regularmente haja discussões sobre taxá-los. (N. do E.)

cebem tratamento fiscal favorável) e evitam pagar distribuições de ganhos capitais tributáveis. Tais distribuições são típicas de fundos com gestão ativa que realizam negociações frequentes em suas carteiras. O VTSAX é um exemplo clássico de investimento com eficiência fiscal. Os dividendos que ele paga são modestos e, em sua maioria, "qualificados". Como é raro haver negociações (compra e venda de ações) nesse fundo, é raro haver distribuições de ganhos tributáveis.

Os investimentos "ineficientes" do ponto de vista fiscal são aqueles que pagam juros ou dividendos não qualificados e que geram distribuições de ganhos de capital tributáveis: por exemplo, alguns fundos de ações, títulos, certificados de depósito e fundos de investimento imobiliário. O ideal é manter esses tipos de investimento em cestas com vantagens fiscais, de modo que o pagamento de tributos sobre os rendimentos seja adiado.

Vamos analisar três investimentos e pensar onde colocá-los. Você pode tentar replicar estratégia similar onde estiver, de acordo com as alternativas de investimentos às quais tiver acesso:

- **Ações:** o VTSAX (o fundo de índice total do mercado de ações da Vanguard) paga hoje dividendos de 2%, e a maioria do ganho que buscamos é na valorização do capital. É eficiente do ponto de vista fiscal, e podemos colocá-lo na cesta comum. No entanto, como ele corresponderá a uma grande parte de nossas participações totais, e uma vez que qualquer investimento pode se beneficiar da cesta com vantagens fiscais, é nela que manteremos nosso dinheiro.
- **Títulos:** VBTLX (o fundo de índice total do mercado de títulos da Vanguard). O objetivo de termos títulos é o pagamento de juros. Com exceção de títulos municipais isentos de impostos, eles vão para a cesta com vantagens fiscais.

• **Dinheiro:** para além de render juros, é bom ter dinheiro para uso imediato em caso de necessidades urgentes. Cesta comum.

Nada disso é esculpido em pedra. Pode haver exceções. A alocação adequada deve prevalecer sobre a escolha da cesta. Sua faixa de imposto, seu horizonte de investimento e afins vão definir suas decisões pessoais. Mas as instruções que já dei devem fornecer uma estrutura básica para que você tome uma decisão.

No caso dos fundos IRA e 401k, uma observação importante: nenhuma dessas opções elimina a obrigação de pagar impostos. Apenas adiam. Tenha isso bem claro em sua mente. Estamos falando de quando, e não de se, o imposto devido será pago.

Quando chegar a hora de sacar o dinheiro, você precisará pagar impostos. E também multas, caso faça a retirada antes de completar 59 anos e meio. Ao completar 70 anos e meio (exceto para Roth IRA),[22] você será obrigado a fazer saques com base em sua expectativa de vida de acordo com as tabelas atuariais. São as chamadas distribuições mínimas exigidas, ou RMDs, na sigla em inglês.

Não deixe que nada disso assuste você, apenas esteja ciente do que vem pela frente. O benefício de ter investimentos crescendo a salvo de impostos ao longo das décadas não é pouca coisa, e na maioria dos casos você deve abastecer as cestas até o nível máximo permitido por lei.

---

[22] A Roth IRA é uma conta especial de aposentadoria individual disponível nos Estados Unidos, em que o titular paga impostos sobre o dinheiro que é depositado, mas todas as retiradas futuras são livres de tributação. Esse tipo de produto não está disponível no Brasil. (N. do T.)

Estratégias de saque para minimizar impostos

Existem estratégias que buscam acessar esse dinheiro sem pagar impostos, ou pelo menos com a menor alíquota possível. Envolvem a estruturação da sua renda e dos rendimentos de seus investimentos de modo a se enquadrar nos limites que a Receita Federal dos Estados Unidos estabelece para isenção de impostos. Assim, embora o dinheiro que sacar esteja legalmente sujeito a impostos, você cairá em uma faixa na qual o valor real devido será zero.

Ficar abaixo desses limites pode oferecer a oportunidade de transferir dinheiro do seu IRA tradicional para um Roth IRA (às vezes chamado de *Roth Conversion Ladder*) sem pagar impostos ao longo do tempo, evitando ainda mais taxação na hora de sacar e gastar.

Cestas com vantagens fiscais fornecidas pelo empregador

Nesse caso, o empregador indica uma firma que oferece uma seleção de investimentos para você escolher. Muitos empregadores igualam a sua contribuição até certo valor. A quantia com a qual você pode contribuir é limitada. Em 2016, o limite máximo foi de 18 mil dólares ao ano por pessoa, ou 24 mil dólares para quem tem acima de 50 anos. Você pode contribuir com mais de um plano (se tiver acesso), mas o limite é o total para todos somados, e não para cada um deles.

Em geral:

- Essas são opções muito boas, mas não tanto quanto já foram no passado. Muitas gestoras de recursos que operam

esses programas aproveitaram a oportunidade para taxá-los pesadamente. Isso é revoltante, mas a vantagem de ter os investimentos crescendo livres de impostos é inigualável. Tape o nariz e contribua o máximo que puder. Foi o que eu sempre fiz.
- Qualquer coparticipação de seu empregador é algo excepcional. É dinheiro gratuito. Contribua pelo menos com o suficiente para obter a coparticipação completa.
- A menos que a Vanguard seja a firma de investimentos que seu empregador escolheu, você pode não ter acesso aos fundos da Vanguard.
- Muitos planos 401k têm ao menos uma opção de fundo de índice. Na lista de fundos oferecidos, procure aqueles com o menor coeficiente de despesas. É lá que você encontrará os fundos de índice, se houver.
- Quando sair do emprego, você pode transformar seu 401k em um IRA, preservando a vantagem fiscal. Alguns empregadores permitem que você mantenha seu 401k no plano deles. Eu sempre troquei o meu por um IRA. Assim, você tem mais controle, melhores opções de investimento e a possibilidade de fugir daquelas taxas repulsivas.
- Você pode contribuir para um 401k e um Roth 401k ao mesmo tempo, mas o total deve ficar dentro do limite de contribuições anuais.

Os planos de aposentadoria no Brasil

No Brasil, existem planos de previdência privada fechados e abertos. Os abertos, em que qualquer pessoa pode entrar, são o PGBL e o VGBL, que serão detalhados a seguir. A principal diferença entre eles é que o primeiro permite a dedução do imposto de renda do valor aportado, enquanto o segundo não. Existem também os fundos de pensão, que se assemelham aos 401k americanos.

PGBL (Plano Gerador de Benefício Livre)

- Oferece vantagens fiscais na declaração de IR, permitindo que os aportes sejam deduzidos do imposto de renda até o limite de 12% da renda anual.
- Indicado para quem, no Brasil, faz a declaração de imposto completa.
- Imposto incide sobre todo o valor a ser resgatado, ou seja, o total acumulado ao longo dos anos e a rentabilidade.

VGBL (Vida Gerador de Benefício Livre)

- Imposto de renda incide sobre a rentabilidade do fundo, e isso acontece apenas no momento do resgate.
- Indicado para quem faz a declaração de imposto de renda com o formulário simples, portanto pessoas que têm direito a menos abatimentos legais concedidos pela Receita Federal, como gastos com educação e saúde.
- Mais favorável a quem planeja aportar mais do que 12% da renda anual.

Os investimentos em previdência privada podem seguir dois tipos de tributação: a tabela progressiva e a tabela regressiva. Na primeira, o imposto a ser pago muda de faixa de acordo com o resgate – quanto maior ele for, maior a alíquota de imposto. Esse regime é mais recomendável aos que vão fazer aportes menores, mas é preciso considerar o imposto de 15% que vai incidir no momento do resgate.

ATÉ LIMITE DE ISENÇÃO	ISENTO
1ª faixa de renda	7,5%
2ª faixa de renda	15%
3ª faixa de renda	22,5%
4ª faixa de renda	27,5%

Já no segundo caso, a alíquota de imposto de renda se inicia em 35% e é reduzida gradualmente a partir de dois anos de permanência, chegando ao patamar mínimo de 10% se o investimento for mantido por pelo menos dez anos. A tabela regressiva foi criada pelo governo para estimular investimentos mais longos.

PRAZO DE ACUMULAÇÃO	ALÍQUOTA RETIDA NA FONTE
Até 2 anos	35%
De 2 a 4 anos	30%
De 4 a 6 anos	25%
De 6 a 8 anos	20%
De 8 a 10 anos	15%
Acima de 10 anos	10%

O investidor também pode optar por ter uma renda – vitalícia ou por um período determinado – após o período de contribuição, ou resgatar o valor total investido na data-alvo.

Fundos de pensão privados

Assim como em outros países, existem também no Brasil os fundos de pensão, que se assemelham aos 401k americanos. São Entidades Fechadas de Previdência Complementar (EFPC), organizações sem fins lucrativos que administram o patrimônio dos funcionários de uma empresa, órgão do governo, associação ou cooperativa. Neles, o aporte feito pelo funcionário pode ser complementado pela empresa e é administrado com o objetivo de fazer um pagamento adicional ao pago pelo Instituto Nacional do Seguro Social (INSS), responsável pela previdência do governo.

No Brasil, os fundos de pensão começaram com empresas estatais. Previ (dos funcionários do Banco do Brasil), Petros (Petrobras) e Funcef (Caixa Econômica Federal) são alguns dos maiores do país. Empresas privadas, como a Vale e a Fundação Itaú, também têm fundos de pensão.

Trabalhadores autônomos no Brasil estão sujeitos às mesmas condições tributárias e de acesso a fundos de previdência abertos, limitados apenas na categoria dos fundos fechados, que são destinados a colaboradores de empresas ou instituições específicas. Autônomos também podem fazer contribuições ao INSS, como qualquer trabalhador.

CAPÍTULO 20

HSAs: mais que uma simples maneira de pagar as despesas médicas

Muita coisa vem mudando no mundo da saúde nos Estados Unidos. Embora as opiniões sobre essas mudanças variem muito, posso afirmar com algum grau de certeza que o número de pessoas que têm acesso a planos de saúde com franquias altas tende a aumentar. Esses planos permitem que você cubra parte de seus custos médicos em troca de mensalidades mais baixas.

Antigamente, a maioria dos planos de saúde tinha franquias muito baixas e pagava quase todos os custos acima desse valor. Esses eram os bons e velhos tempos.

À medida que os custos médicos dispararam, o preço dos planos que oferecem uma cobertura ampla subiu na mesma proporção. Agora, obrigando o segurado a assumir parte do risco, os planos com franquias altas conseguem oferecer um seguro contra doenças e lesões graves a preços mais acessíveis. Em troca, o segurado é responsável pelo pagamento das primeiras contas médicas a cada ano, em geral de 5 mil a 10 mil dólares.

Para tornar esses planos um pouco mais acessíveis e atraentes, foram criadas as HSAs (Contas-Poupança de Saúde), que ajudam a custear essas despesas diretas.[23] Basicamente, as HSAs funcionam como um IRA para os gastos em saúde. E, do modo como foram concebidas, oferecem algumas oportunidades interessantes. Com uma HSA, desde 2016 você pode reservar até 3.350 dólares para um indivíduo e 6.750 dólares para uma família a cada ano. Se tiver 55 anos ou mais, pode acrescentar 1.000 dólares a cada um desses limites.

De modo similar ao que ocorre com um IRA, você pode abastecer essa conta com dinheiro antes da incidência de impostos. Ou, em outras palavras, sua contribuição é dedutível. Você pode abrir um HSA, apesar de sua renda ou de outras contas com benefícios fiscais para as quais esteja contribuindo. Aqui estão alguns pontos-chave:

- Você precisa ter cobertura de um seguro de saúde com alta franquia para ter uma HSA.
- As contribuições são dedutíveis do imposto de renda.
- Se você usar um plano de desconto em folha de pagamento por meio de seu empregador, sua contribuição é isenta de impostos de Previdência Social e do Medicare.

---

[23] No Brasil, ainda não existe nenhum instrumento como as contas HSA. A Agência Nacional de Saúde Suplementar (ANS), que regula o mercado de planos de saúde, cria condições para a operação e o funcionamento dos planos de coparticipação e franquia, limitando o valor máximo que pode ser compartilhado e os procedimentos que devem continuar gratuitos. Os Estados Unidos têm papel precursor na evolução da oferta de serviços em diversos segmentos, e a explicação do autor sobre como se beneficiar desse instrumento parece relevante quando e se esse tipo de produto for disponibilizado no Brasil. (N. do E.)

- Você pode sacar o dinheiro para pagar despesas médicas qualificadas a qualquer momento, livre de impostos ou multas.
- Qualquer dinheiro que você não gaste é reservado para que o use quando precisar.
- Entre as despesas médicas qualificadas estão as odontológicas e oftalmológicas, especialidades que muitas vezes não são cobertas pelos planos de saúde hoje em dia.
- Você pode usar a HSA para pagar os custos médicos de seu cônjuge e dependentes, mesmo que eles não estejam em seu plano de saúde.
- Se sacar o dinheiro por outro motivo que não seja pagar despesas médicas, você estará sujeito a impostos e a uma multa de 20%, a menos que tenha 65 anos ou mais, ou tenha invalidez permanente. Nesses casos, pagará apenas o imposto devido.
- Quando você morrer, seu cônjuge herdará sua HSA, que se tornará dele ou dela, com os mesmos benefícios.
- Para herdeiros que não sejam cônjuges, o dinheiro se converte em rendimentos comuns e é tributado de acordo com as faixas correspondentes.

Embora as HSAs possam ser confundidas com FSAs (Flexible Spending Accounts, ou Contas de Gastos Flexíveis), não são de forma alguma iguais. A principal diferença é que, com uma FSA, qualquer dinheiro que você não gaste no ano em que abasteceu a conta é perdido. O dinheiro na HSA, e tudo o que ele render, permanece seu até que seja usado.

É uma ferramenta muito útil e na qual vale a pena investir se você tiver acesso a ela. Mas, como poderia ser dito em um comercial de TV tarde da noite... tem mais!

Veja outros pontos importantes:

- Você não é obrigado a pagar as despesas de saúde com a HSA.
- Você pode pagar as contas médicas do próprio bolso e deixar a HSA rendendo.
- Contanto que guarde os recibos médicos, você pode sacar dinheiro da HSA para cobri-los a qualquer momento, sem pagar impostos ou multas. Mesmo anos depois.
- Para quem planeja usar esse dinheiro para pagar despesas médicas atuais, é melhor (como é o caso de todo dinheiro que se planeja gastar a curto prazo) mantê-lo em uma conta-poupança segurada pela FDIC (agência do governo dos Estados Unidos cuja principal função é garantir depósitos bancários).
- Você pode optar por investir sua HSA em qualquer lugar. Por exemplo, em fundos de índice como o VTSAX.
- Você pode sacar o dinheiro em sua HSA a partir dos 65 anos para qualquer finalidade sem pagar multa, embora precise arcar com impostos sobre a retirada, a menos que use a quantia para despesas médicas.

À medida que refletimos sobre todas essas informações, surge uma opção interessante. Imagine que tenhamos abastecido a HSA e investido o dinheiro em fundos de índice de baixo custo. Pagamos as despesas médicas do próprio bolso, guardando com cuidado os recibos, enquanto a HSA cresce e rende, livre de impostos, ao longo de décadas.

Na prática, teríamos um produto com retiradas isentas de impostos, e um em que poderíamos deduzir nossas contribuições. É o melhor de dois mundos.

Se um dia precisássemos do dinheiro para custos médicos, ele ainda estaria lá. E, se não houvesse essa necessidade, ele cresceria livre de impostos. Quando estivéssemos prontos, juntaríamos os recibos e pegaríamos o reembolso com isenção fiscal da HSA, deixando qualquer saldo para uso futuro. Se tivermos a sorte de nos mantermos saudáveis, depois dos 65 anos poderíamos sacá-lo para gastar como quiséssemos, assim como com as contas IRA e 401k, pagando apenas os impostos devidos.

A conclusão é que qualquer pessoa que tenha um plano de saúde com franquia alta deve pôr dinheiro em uma HSA. Os benefícios são bons demais para ignorar esse fato. Você pode transformá-la em uma ferramenta de investimento excepcional. Sugiro que não abra mão dessa possibilidade.

CAPÍTULO 21

Estudo de caso: colocando em prática o caminho simples para a riqueza

Até aqui, discutimos conceitos e estratégias para que você crie seu próprio caminho simples para a riqueza. Para os poucos leitores que estão começando agora, eles devem ser bem fáceis de implementar. Mas a maioria já poupou e investiu alguma coisa. Talvez você tenha cometido alguns erros e tenha investimentos que gostaria de nunca ter feito. Ou talvez tenha muitos ativos diferentes e perceba agora que o mundo do investidor não precisa ser tão complexo assim. Apesar disso, você tem arranjos que devem ser considerados. E como implementar essas ideias no mundo real?

Não tenho como dar uma resposta individualizada. Mas, neste capítulo, vou compartilhar um estudo de caso de um leitor, retirado do meu blog, www.jlcollinsnh.com.

Tomei a liberdade de unificar as perguntas e a situação desse leitor e editei para ter mais clareza. Fora isso, em todas as citações as palavras são dele.

A MENSAGEM DO LEITOR:

"Tenho 26 anos, me formei na faculdade há pouco tempo e resolvi colocar minha vida financeira em ordem. Consegui encontrar um ótimo emprego e não tenho dívidas. Estou começando a formar minha reserva de emergência (24% da minha renda vai para esse fundo) e, agora, estou concentrando meus esforços em investimentos.

Meus avós criaram um fundo de investimento para todos os netos quando nascemos. Ele é gerenciado por um consultor financeiro há anos, e, como leitor do seu blog, entendi que posso ter resultados melhores. Hoje, essa conta tem por volta de 35 mil dólares em 12 fundos mútuos diferentes.

Minha avó não se lembra do valor inicial exato da minha conta. Sempre que um neto nascia, ela depositava um valor igual ao que havia nos fundos das crianças mais velhas. O registro mais antigo é de 1994. No início daquele ano, havia 6.700 dólares na conta, e meus avós foram acrescentando 1.000 dólares todos os anos até o total chegar a quase 25 mil. Em 1994, os fundos eram metade ações e metade títulos (meu avô cresceu durante a Grande Depressão e não confiava muito em ações).

Minha empresa oferece um plano de previdência 403b[24] e coparticipação em contribuições de até 2,5%. Atualmente, destino 3% da minha renda a esse plano. O Total Stock Market Index Fund da Vanguard é uma das opções disponíveis.

Ganho 70 mil dólares por ano, sem considerar os impostos. Neste momento, estou economizando 24% do meu salário. Meu objetivo é manter esse percentual em 20% ou mais, mas sei que ele pode precisar cair para 15% se surgirem outras necessidades.

---

[24] Nos Estados Unidos, o 403b é um plano de previdência com vantagem fiscal, destinado a funcionários de organizações isentas de impostos. (N. do E.)

Ainda não decidi quando quero me aposentar. Seria ótimo poder parar cedo, mas não estabeleci essa meta ainda.

Acho que também vou criar uma Roth IRA por conta própria. Qual é a sua sugestão para que eu possa me livrar do meu gerente financeiro e de todos os fundos mútuos e comprar VTSAX? Não entendo todas as implicações fiscais que estão envolvidas nisso. Corrija-me se eu estiver errado, mas 5.500 dólares iriam para a Roth e o restante para uma conta tradicional. Há algum problema em ter investimentos no 403b, na Roth IRA e na minha conta comum em VTSAX?[25]

Qual é a melhor forma de contribuir com os meus fundos? Depois que juntar minha reserva de emergência e transferir meu dinheiro para a Vanguard, terei 1.000 dólares por mês para isso. Devo aplicar esse valor todos os meses ou esperar até juntar quantias maiores? Já ouvi falar de *dollar cost averaging*,[26] mas não estudei a fundo.

Obrigado por seus conselhos e seu tempo."

MINHA RESPOSTA COMEÇOU ASSIM:

"Antes de responder suas dúvidas, devo dar parabéns. Não para você. Para seus avós. Eles merecem todos os elogios do mundo. Por favor, conte a eles que eu mandei esse recado.

O fato de eles terem oferecido esse capital inicial para você e os

---

[25] Embora o 403b e a Roth IRA não estejam disponíveis no Brasil, é possível adaptar o raciocínio aos produtos ofertados neste mercado, como fundos de previdência, PGBL e VGBL. Também é preciso adaptá-lo à realidade individual, já que nem todas as pessoas trabalham em empresas que têm, entre seus benefícios, aportes adicionais a fundos de previdência privada. (N. do E.)

[26] Estratégia em que o investidor faz aportes a intervalos regulares – sejam semanais, quinzenais ou mensais – em determinado ativo, aplicando sempre o mesmo valor, em vez de realizar uma grande aplicação de uma só vez. (N. do T.)

outros netos me faz levantar várias suposições. Eles têm recursos, o que significa que são fiscalmente responsáveis e capazes de tomar conta de suas vidas. São também generosos. E, levando em conta suas perguntas e seus planos, eles passaram esses ensinamentos para os descendentes. Se ainda não tiver feito isso, leve-os para jantar e faça um brinde em homenagem a eles. Se já tiver feito, faça de novo."

EIS A EXCELENTE BASE DESSE LEITOR:

1. Um capital de 35 mil dólares para começar.
2. Salário anual de 70 mil, dos quais ele está economizando 24%, ou 16.800 dólares.
3. Ele quer economizar cerca de 20% daqui para a frente, equivalentes a 14 mil dólares anuais. Como você verá, tentarei persuadi-lo a aumentar esse valor.
4. Ele conseguiu um bom emprego em uma empresa que oferece um plano de aposentadoria 403b.
5. Dívida zero.
6. Ele ainda não tem certeza sobre quando quer se aposentar – o que não é de surpreender aos 26 anos –, mas reconhece a importância do dinheiro do f***-se.
7. Ele quer saber como contribuir para seus investimentos daqui para a frente e conhecer mais sobre a estratégia de *dollar cost averaging*.

Vamos falar primeiro sobre qual investimento escolher.

A boa notícia é que o plano de benefícios da empresa dele oferece a Vanguard como opção. Ele está inclinado a investir no Total Stock Market Index Fund, e essa ideia está correta. É nesse fundo que vamos concentrar todos os investimentos do leitor. Ele está na fase de acumulação de riqueza, e essa é a ferramenta certa para isso.

No Capítulo 17, aprendemos que existem três opções para ter a carteira desse fundo: as Admiral Shares, as Investor Shares e o VTI, um ETF. O VTSAX é a versão Admiral e oferece o custo mais baixo, mas tem um aporte mínimo de 10 mil dólares. A opção das Investor Shares, o VTSMX, detém a mesma carteira, mas com custos um pouco mais altos e um mínimo de 3 mil dólares. Ele deve usar as Admiral Shares sempre que puder e as Investor Shares apenas se necessário, no começo. Assim que a conta atingir 10 mil dólares, a Vanguard vai trocá-la de forma automática para as Admiral Shares, de custo menor.

Esse fundo oferece ao leitor uma carteira com ações de quase todas as empresas de capital aberto nos Estados Unidos. Como muitas delas têm grandes operações internacionais, ele terá exposição global. Com esse único investimento, o leitor terá uma ampla diversificação no recurso de geração de riqueza mais poderoso de todos: ações. Essa alocação de 100% em ações é considerada muito agressiva, e é isso que queremos para esta fase. Mas ele deve estar ciente – como você agora sabe – de que a jornada será impetuosa e angustiante. Apesar disso, o leitor continuará seguindo o plano, investindo e resistindo. Aos 26 anos, ele tem décadas pela frente.

Em algum momento, começará a pensar em aposentadoria.

Talvez ele só se aposente aos 65 anos, ou opte por parar de trabalhar quando tiver o dinheiro do f***-se, por volta dos 35. Quando chegar a hora, ele deve pensar em diversificar seus investimentos, acrescentando títulos ao portfólio. Mas agora, na fase de acumulação de riqueza, deve investir o dinheiro em ações, e o VTSAX é a melhor forma de fazer isso.

A seguir, vamos dar uma olhada nas possibilidades de investimento que ele tem à disposição e como alocar as cotas do VTSAX entre elas. Em ordem de conveniência são:

1. O plano de previdência oferecido pela empresa. Como ele trabalha para uma universidade, tem acesso a um plano 403b em vez dos planos 401k, comuns no setor privado. O leitor planeja contribuir com 3% de seu salário, que não terão incidência de impostos, e a empresa terá uma coparticipação de 2,5%. Dinheiro gratuito. Isso faz com que esta seja a opção número um.

2. IRA dedutível. Esta opção é muita parecida com o plano oferecido pela empresa do leitor, em que as contribuições são dedutíveis do imposto de renda e os ganhos não têm impacto fiscal. A vantagem, no entanto, é que ele tem controle total sobre os investimentos, não se limitando às opções disponíveis no plano da empresa. Ele vai abrir a conta IRA com a Vanguard e escolher entre o VTSMX e o VTSAX.

   Como as opções no plano 403b do leitor são excelentes, isso não importa tanto no caso dele. Porém, em muitos planos oferecidos pelas empresas, as escolhas disponíveis não são as ideais. Se você tiver um plano assim, encontre a opção que mais se assemelhe a um fundo de índice total do mercado de ações ou um fundo que espelhe o S&P 500. A maioria dos planos tem versões deles. Contribua com o valor máximo de coparticipação de sua empresa. Então, volte-se para a conta IRA pessoal. Quando estiver totalmente abastecida, retorne ao plano de sua empresa e contribua com o valor máximo.

   Hoje, o limite máximo de contribuição anual de uma conta IRA é de 5.500 dólares, e o leitor deve fazer de tudo para se aproximar do limite. As vantagens fiscais são boas demais para serem ignoradas.

3. De volta ao plano de previdência. A lei atual permite que ele contribua com até 18 mil dólares a cada ano, e, como ele re-

servou 3% de seu salário, aplicou somente 2.100 dólares até agora. Isso deixa 15.900 livres para contribuições potenciais.

Como o leitor está planejando economizar apenas cerca de 20% da renda (14 mil dólares), deve contribuir com outros 6.400 para o plano de previdência: 2.100 + 5.500 + 6.400 = 14 mil dólares. Mas, como eu disse, vamos tentar persuadi-lo a economizar mais.

Uma alternativa seria ele maximizar seu plano de previdência, acrescentando 15.900 dólares aos 2.100 com que já está contribuindo para obter a coparticipação da empresa, obtendo um total de 18 mil dólares. Adicione a isso os 5.500 indo para a conta IRA e o total é de 23.500 dólares. Isso é uma taxa de economia de aproximadamente 33,57%.

Aqui, é preciso explicar que estou calculando essas taxas de poupança com base na renda do leitor antes da incidência de impostos. Há quem possa argumentar que seria melhor considerar a renda líquida, pois é o que ele de fato tem disponível para gastar. Mas impostos são muito complexos, e a renda líquida calculada a partir do salário bruto pode variar bastante de acordo com as especificidades. Usar o valor bruto é mais fácil e, como tende a estimular a economia de parcelas mais altas, está mais alinhado com os valores deste livro.

Para qualquer um que leve a sério o objetivo de atingir a independência financeira, aproveitar ao máximo as vantagens fiscais é quase uma obrigação. E, ao colocar esse plano em prática, você começa a desenhar uma taxa de poupança respeitável para o futuro. Mas não há por que parar por aqui.

4. Investimentos comuns. São todos os investimentos feitos fora de qualquer categoria com vantagens fiscais. O leitor pagará impostos sobre as distribuições de dividendos

e ganhos de capital todos os anos.[27] Ao contrário do que ocorre nas contas com vantagens fiscais, o dinheiro estará disponível a qualquer momento, sem penalidades. Os 35 mil dólares que ele tem espalhados em vários fundos mútuos estão nesta categoria. Isso continuará igual quando ele fizer a transferência para o VTSAX.

Quando vender as cotas que tem em 12 fundos – presumindo que elas tiveram uma valorização –, o leitor deverá um imposto sobre ganhos de capital. Como a quantia é relativamente pequena, e considerando que os impostos sobre ganhos de capital estão baixos no momento, não é nada grave. No entanto, se os valores fossem muito superiores, essa decisão se tornaria mais complexa. Precisaríamos fazer, neste caso, uma análise cuidadosa dos investimentos atuais e dos custos comparados à incidência de impostos.

Este é o cenário então: enquanto cria uma reserva de emergência, o leitor tem uma taxa de poupança de 24% e planeja reduzi-la a 20%. Se comparados aos do americano médio, esses números são excelentes. Mas, se levarmos em conta seus objetivos, ele deveria pensar em economizar mais. Minha sugestão é uma taxa de poupança de 50%, embora pessoas mais comprometidas com a ideia de ter o dinheiro do f***-se costumem mirar em 70% a 80%.

O leitor já pode ser considerado uma exceção por não ter dívidas, poupar e investir. Ele está empregado, é jovem e não tem filhos. Esse é o melhor cenário possível para passar ao próximo nível. No mínimo, ele deve evitar a "inflação do estilo de vida", comprometendo-se a direcionar qualquer aumento de salário aos

---

[27] No Brasil, como mencionado anteriormente, não há incidência de impostos sobre a distribuição de dividendos. No entanto, esse é um cenário que pode mudar. É um dos temas mais intensamente debatidos na seara fiscal. (N. do E.)

seus investimentos. Se fizer isso agora, o problema dele no futuro será decidir como gastar toda a grana que o seu dinheiro ganha.

Agora, vamos fazer alguns cálculos e levantar algumas opções, cada qual com suas especificidades.

OPÇÃO 1: TAXA DE POUPANÇA DE 24%

Vamos esquecer essa história de reduzir a taxa para 20%, porque isso significa que o leitor não vai chegar aonde quer.

Ele começa com os 35 mil dólares de seus avós e os transforma em cotas do VTSAX, pagando o imposto sobre ganhos de capital, se houver. Como já vimos, o retorno médio do mercado nos últimos quarenta anos (entre janeiro de 1975 e janeiro de 2015) foi de 11,9% ao ano.[28] Nesse ritmo, o dinheiro dobra a cada seis anos. Quando o leitor chegar aos 62 anos (daqui a 36 anos), o dinheiro terá dobrado quase seis vezes. Um cálculo rápido mostra que ele terá mais de 2 milhões de dólares, *sem acrescentar um centavo* a essa conta.[29] Quando ele chegar aos 68 anos, a quantia terá quase dobrado de novo, atingindo 3,9 milhões de dólares. Esse é o poder dos juros compostos. Já mencionei que nosso amigo deveria levar os avós para jantar?

Se adicionarmos mais dinheiro ao longo do caminho, o que é o caso dele, os resultados se tornam ainda mais impressionantes. Com a taxa de poupança atual de 24%, ele terá 16.800 dólares do salário de 70 mil para investir a cada ano.

Para contar com a coparticipação da empresa, o plano de previdência dele precisa receber 2,5% do salário, mas ele está contri-

---

[28] http://dqydj.net/sp-500-return-calculator/
(Use: Dividends reinvested/ignore inflation [Dividendos reinvestidos/ignorar inflação].)
[29] http://www.calculator.net/investment-calculator.html
(Clique na aba "End Amount" [Montante Final].)

buindo com 3%, o que dá 2.100 dólares por ano. (A empresa vai acrescentar 2,5% – outros 1.750 –, mas essa quantia é adicional aos 24%/ 16.800 dólares de que ele dispõe para investir.) Essa contribuição será investida no VTSAX, pois o plano dele oferece essa opção. Do contrário, o dinheiro iria para a escolha que mais se assemelhasse ao VTSAX.

A conta IRA dedutível recebe 5.500 dólares. Esse valor vai para o VTSMX, que será transferido para o VTSAX quando o total atingir 10 mil.

Entre o 403b e a conta IRA, cobrimos 7.600 dos 16.800 dólares. Para os 9.200 restantes, retornaremos ao 403b e os colocaremos lá.

Não permita que esse processo em três etapas o confunda. É só para passarmos pelas escolhas em ordem de atratividade. Quando ele aplicar esse plano, a implementação real seria:

1. Abastecer o plano de previdência com 11.300 dólares (2.100 + 9.200 dólares).
2. Abastecer a conta IRA até o máximo de 5.500 dólares.

OPÇÃO 2: TAXA DE POUPANÇA DE 50%

Agora veremos o que acontece se conseguirmos convencer o leitor a economizar e investir mais. Ele começa com os 35 mil dólares dos avós, mas agora tem outros 35 mil por ano (50% de 70 mil) para investir.

Como antes, o plano de previdência recebe 3% do salário de 70 mil – 2.100 dólares –, e a empresa contribui com outros 2,5%.

Seu investimento no VTSMX por intermédio da conta IRA também continuará obtendo a contribuição máxima permitida, de 5.500 dólares.

Portanto, entre o 403b e a conta IRA, contabilizamos 7.600

dólares, mas agora sobram 27.400 para investir. Com isso, podemos aproveitar ao máximo o 403b, contribuindo com outros 15.900. Se adicionarmos esse valor aos 2.100 com que ele contribuiu para obter a contrapartida, nosso leitor atingirá o limite máximo anual de 18 mil dólares. E ele ainda terá 11.500 restantes:

35 mil − 2.100 − 5.500 − 15.900 = 11.500 dólares

Vamos adicionar esses 11.500 dólares ao VTSAX na categoria de investimentos comuns, aumentando o capital inicial de 35 mil que os avós do leitor deram de maneira tão generosa.

Com a opção 2, não é difícil ver como o patrimônio dele crescerá com muito mais vigor. Ele está aproveitando ao máximo todos os planos com vantagens fiscais disponíveis e, fora deles, está acumulando patrimônio que pode acessar a qualquer momento, sem qualquer penalidade.

É claro que isso exige que ele organize a vida de modo a se sustentar com os 35 mil dólares restantes. Para algumas pessoas, isso pode parecer pouquíssimo; para outras, uma quantia extravagante. De qualquer forma, é factível. Trata-se apenas de uma questão de escolha, prioridades e do quanto o leitor valoriza a liberdade financeira.

Uma curiosidade: uma renda de 35 mil dólares o coloca entre os rendimentos mais altos do mundo. Parabéns, membro do 1% mais rico (0,81%, para ser exato)!

Por fim, vamos falar sobre como essas contribuições vão acontecer.

Assim como a maioria das pessoas, o leitor investirá à medida que for ganhando dinheiro. Ele fará isso com seu 403b e com a conta IRA, e qualquer dinheiro adicional será acrescentado aos 35 mil dólares iniciais em cotas VTSAX na categoria de investimentos comuns.

Essa é uma forma de aplicar a estratégia de *dollar cost averaging* (DCA), isto é, investir quantias de maneira uniforme ao longo do tempo. A DCA é algo que discutiremos com detalhes no Capítulo 25.

O lado bom do plano de previdência do leitor é que, depois de configurado, as contribuições acontecerão de modo automático. A conta IRA e as cotas VTSAX da categoria de investimentos comuns exigirão que ele se esforce um pouco mais. Ele precisará se lembrar de adicionar dinheiro com regularidade – assim como temos que nos lembrar de pagar nossas contas –, ou poderá configurá-los com a Vanguard para que o dinheiro seja transferido automaticamente. Eu escolheria esta última opção. É mais fácil e aumenta a chance de que ele mantenha a disciplina.

Se seguir esse caminho simples, o leitor terá o dinheiro do f***-se quando menos perceber, e trabalhar se tornará opcional. Quando chegar à idade dos avós, ele será capaz de doar capital inicial para os fundos de investimento dos próprios netos, continuando o ciclo precioso iniciado por seus antecessores. Nessa época, quem sabe ele não queira aprender a doar como um bilionário, tema do Capítulo 31?

OBSERVAÇÃO:

Se estiver interessado na versão original desse estudo de caso, você pode encontrá-la em uma postagem intitulada *The Smoother Path to Wealth* (O caminho ainda mais suave para a riqueza) em www.jlcollinsnh.com. Lá estão disponíveis vários outros estudos de caso, cada qual cobrindo uma situação diferente e única. É só olhar em *Categories: Case Studies* (Categorias: Estudos de Caso) na coluna da direita. Para respostas a diversas perguntas mais simples, clique no botão *Ask jlcollinsnh* (Pergunte ao jlcollinsnh), no topo da página.

CAPÍTULO 22

Por que não gosto de consultores de investimentos

Gerenciar o dinheiro dos outros é um grande negócio, muito lucrativo para quem trabalha com isso.

Investir e administrar o dinheiro é uma tarefa que intimida muitas pessoas, que acabam achando que precisam ser tuteladas por um especialista da área. Assuntos financeiros soam tão complexos que não é de surpreender que elas gostem da ideia de delegar esse tipo de decisão a um profissional que, espera-se, obterá bons resultados.

A maioria dos consultores, porém, *não* obtém melhores resultados. Investir só parece complexo porque o setor financeiro se esforça muito para fazer com que *pareça* complexo. De fato, muitos investimentos são complicados. No entanto, como você passou a entender depois de ler vários capítulos deste livro, investimentos simples em fundos de índice não são apenas mais fáceis, mas também *mais eficazes*.

Na melhor das hipóteses, consultores são caros; na pior, vão roubá-lo. Procure Bernie Madoff no Google. Se você optar por buscar uma consultoria, faça-o com cautela e nunca abra mão do controle. O dinheiro é seu, e ninguém cuidará dele melhor que você. Mas vai ter muita gente que tentará tomá-lo de suas mãos. Não deixe isso acontecer.

Quando digo "consultores de investimentos", estou me referindo a gestores financeiros, gestores de investimento, corretores, vendedores de seguros (que muitas vezes se disfarçam de planejadores financeiros). Qualquer pessoa que ganhe o dinheiro dela gerenciando o seu.

Tenho certeza de que existem muitos consultores honestos, diligentes e trabalhadores que colocam as necessidades dos clientes em primeiro lugar. Quer dizer, não tenho tanta certeza assim. Por via das dúvidas, falo isso para ser justo com os poucos que agem com honestidade.

Eis o problema:

1. Por definição, os interesses de um consultor e os de seus clientes são opostos. Há muito mais dinheiro a se ganhar vendendo investimentos complexos cheios de taxas do que recomendando modelos simples e eficientes de baixo custo. Fazer o que é melhor para o cliente exige que o consultor não aja em benefício próprio. Só uma pessoa extraordinária e virtuosa se comportaria dessa forma. A gestão financeira não parece ser a vocação de indivíduos extraordinários e virtuosos.
2. Conselhos bem-intencionados mas ruins são endêmicos nessa área. Consultores que colocam os interesses de seus clientes acima de seus próprios são, roubando uma frase que Joe Landsdale escreveu em seu romance *Edge of Dark Water*, "mais raros que cascavéis batizadas". E, além disso, você precisa encontrar alguém que seja de fato bom.
3. Os consultores não são atraídos pelos melhores investimentos, e sim por aqueles que pagam as maiores comis-

sões e taxas de gestão. Eles costumam ser pressionados por suas empresas a vender esses investimentos – que são, por definição, caros para comprar e manter. E investimentos caros para comprar e manter são ruins.

4. Um campo de atuação que dá acesso à economia das pessoas é um ímã para vigaristas, ladrões e trapaceiros – o que não é de surpreender.

Vamos dar uma olhada em como os consultores de investimentos ganham seu dinheiro e como cada método funciona contra você. Lembre-se de que, aqui, estamos falando dos consultores legítimos, e não dos vigaristas completos. Em geral, existem três formas:

1. Comissões

O consultor é pago toda vez que você compra ou vende um investimento.

Não é difícil ver o potencial para abusos aqui, e o conflito de interesses é evidente. Não há cobrança de comissão na compra de um fundo da Vanguard. Mas a American Funds, entre outras firmas, cobra uma comissão nababesca: em geral, de 5,75%, que vão para o bolso do consultor. Isso significa que, se você tiver 10 mil dólares para investir, apenas 9.425 serão investidos para você. Os outros 575 são dele. Hum, qual investimento será que ele vai recomendar?

Alguns fundos oferecem uma taxa de administração recorrente de 1% para os consultores que os vendem. Isso significa que você paga uma comissão não apenas uma vez, mas todos os anos. É bastante conveniente que os consultores prefiram esses fundos, não é mesmo? Muitas vezes, encontramos essa taxa *e* uma comissão no mesmo investimento.

Como costumam ter gestão ativa, esses fundos têm um coeficiente de despesas alto e estão condenados a um desempenho inferior aos fundos de índice simples de baixo custo que podemos comprar com facilidade por conta própria.

Pense em como tudo isso pode se somar. Pegue uma comissão de 5,75%, combinada a uma taxa de administração de 1%, junto com um coeficiente de despesas de, digamos, 1,5%. Você abriu mão de 8,25% de seu capital logo no início. Você perdeu esse dinheiro para sempre e todos os rendimentos que ele poderia lhe render ao longo de décadas. Compare isso ao coeficiente de despesas de 0,05% do VTSAX. Caramba!

Os investimentos em seguros estão entre os que pagam comissões mais altas. Por isso, talvez sejam os que os consultores recomendam com mais insistência e, sem dúvida, alguns dos que mais pesarão no seu bolso. Anuidades e seguros de vida integrais/universais têm comissões de até 10%. O pior é que essas comissões estão embutidas no investimento, então você nunca as vê. Não sei como uma fraude assim pode ser legal em termos jurídicos, mas é.

Os fundos de cobertura (também conhecidos como fundos de *hedge*) e os investimentos privados tornam seus vendedores ricos, assim como os operadores. Os investidores? Talvez. Às vezes. Não, nem tanto.

Lembra-se de Bernie Madoff? As pessoas *imploravam* para que ele aceitasse o dinheiro delas. A reputação de Madoff era impecável, assim como seu histórico. Somente os "melhores" consultores de investimento poderiam levar você até ele. Já pensou no porquê? O sr. Madoff pagava com generosidade esses profissionais para que isso fosse viável. Assim como os clientes deles. Ops.

Se tudo o que estou contando ainda não for suficiente, saiba que é possível obter ainda mais dinheiro à sua custa com a prática de *churning*. *Churning* se refere à compra e venda frequente de investimentos para gerar comissões. É uma prática ilegal, mas pode ser disfarçada com facilidade, muitas vezes com a justificativa de "ajustar a sua alocação de ativos".

2. O modelo AUM (Assets Under Management, ou Ativos Sob Gestão)

Com o abuso desenfreado do modelo de comissão, a prática de cobrar taxas de administração fixas se popularizou nos últimos anos. Essas taxas representam 1% a 2% dos ativos totais do cliente, e essa abordagem é apresentada como mais objetiva e "profissional". Mas também há armadilhas aqui.

Em primeiro lugar, 1% a 2% ao ano representa um peso *enorme* sobre o crescimento de seu patrimônio e sua renda, quando você passar a viver de aplicações. Os retornos sobre os investimentos são preciosos e, nesse modelo, seu consultor pega toda a calda do sorvete.

Suponhamos que você tenha um patrimônio de 100 mil dólares. Isso é mais ou menos o mínimo necessário para despertar o interesse de um consultor. Suponhamos ainda que você invista por vinte anos e obtenha aquele retorno anual médio sobre o qual falamos de 11,9%.[30] Você acaba com 947.549 dólares.[31] Nada mau. Agora, suponhamos que você abra mão de 2% desses ganhos anuais para pagar uma taxa de gestão. Neste caso, seu retorno líquido seria de 9,9%, o que, após vinte anos, resultaria em 660.623 dólares.[32] Impressionantes *286.926 dóla-*

---

[30] http://dqydj.net/sp-500-return-calculator/
(Use: Dividends reinvested/ignore inflation [Dividendos reinvestidos/ignorar inflação].)
[31] http://www.calculator.net/investment-calculator.html
(Clique na aba "End Amount" [Montante Final].)
[32] Idem.

res a menos. Caramba! Você não só renuncia aos 2% a cada ano, mas também a todo o dinheiro que esses 2% teriam rendido ao longo de vinte anos. Deixe-me enfatizar este ponto: é uma quantia muito grande.

Em segundo lugar, ainda temos o problema do conflito de interesses. Com o modelo AUM (Ativos Sob Gestão), esse conflito não é tão profundo quanto com o modelo de comissão, mas ainda existe. Talvez você esteja pensando em quitar sua hipoteca de 100 mil dólares. Ou esteja considerando contribuir com 100 mil dólares para a faculdade do seu filho, para que ele não precise se endividar. Muitas vezes, os consultores recomendarão que você não siga nem uma nem outra alternativa. Para você, dependendo da situação, esse conselho pode ser bom ou ruim. Para o consultor, é a única recomendação que preserva de 1.000 a 2.000 dólares em taxas anuais que os seus 100 mil põem no bolso dele.

Em terceiro lugar, a grande maioria dos consultores está fadada a custar ainda mais caro, porque tende a escolher fundos com desempenho bem pior que o índice. E você precisará esperar vinte anos, talvez mais até, para se certificar se teve sorte de escolher uma das raras exceções do mercado.

3. Tarifas por hora trabalhada

Muitos consultores não gostam deste modelo, ressaltando que limita o tempo que o cliente está disposto a passar com o especialista. É verdade, mas também é verdade que seriam necessárias muitas horas para igualar a quantia que se pode ganhar com comissões e anuidades.

Os consultores apontam também que os clientes se opõem menos a comissões e taxas porque não costumam notar que estão sendo cobradas. Pagar uma tarifa por hora – mesmo que seja mais econômico – exige que a pessoa faça a transferência bancária e veja o dinheiro saindo de suas mãos. Isso é desconfortável para o cliente e significa menos dinheiro para o consultor. O que não me parece tão ruim para o cliente.

Se você precisa de fato de conselhos, esta é a forma mais simples de pagar por eles. Mas vai pagar caro. Tarifas de 200 a 300 dólares, ou mais, por hora não são incomuns. O risco de ser enganado é menor, mas ainda assim você terá de encarar o desafio de saber se os conselhos serão bons ou ruins para a sua saúde financeira.

4. Combinação dos pontos 1, 2 e 3

Esta é nossa última opção. Se o consultor a estiver usando, é provável que não seja para o seu bem.

Então, qual é o meu conselho para escolher um bom consultor? Não tenho ideia. É provável que identificar um bom profissional seja ainda mais difícil que selecionar boas ações ou fundos mútuos de gestão ativa.

Os consultores são tão bons quanto os investimentos que recomendam. Como estes são, em sua maioria, fundos ativos – e não os fundos de índice que este livro sugere –, com que frequência eles têm um desempenho superior?

Como vimos no Capítulo 8, é bastante raro ver isso acontecer. Você deve se lembrar de que as pesquisas mostram que cerca de 20% deles têm uma performance superior à do mercado em qualquer ano e que, se analisarmos um período de trinta anos, esse percentual cai para menos de 1%. Por uma questão estatística, estamos dentro da margem de erro; ou seja, o mesmo que nada.

É isso que um consultor muito bem pago está vendendo.

Se for um investidor iniciante, você tem duas opções:

1. Pode aprender a escolher um consultor.
2. Pode aprender a escolher seus investimentos.

Ambas demandam esforço e tempo. No entanto, a segunda opção dá resultados melhores e é o caminho mais fácil e barato para você. Espero que este livro esteja provando qual seria a minha escolha.

A grande ironia de investir com sucesso é que o simples é mais barato e rentável. Investimentos complicados só beneficiam as pessoas e as empresas que os vendem.

Lembre-se de que ninguém cuidará melhor de seu dinheiro que você. Esforçando-se menos do que precisaria para escolher um consultor, você pode aprender a gerenciar o dinheiro por conta própria, com muito menos custos e resultados mais satisfatórios.

PARTE III

Feijões mágicos

*"A sabedoria vem da experiência. A experiência é
muitas vezes resultado da falta de sabedoria."*
— TERRY PRATCHETT

CAPÍTULO 23

John Bogle e a crítica aos fundos de índice

Se me perguntassem – embora ninguém nunca tenha feito isso ainda – qual foi o maior obstáculo ao crescimento da minha riqueza pessoal, a resposta seria minha absoluta teimosia ao conceito de investir com base em índices, teimosia esta que se prolongou por um bom período. Quando ouço os argumentos contra essa estratégia, volto no tempo e escuto minha própria voz na minha mente. Usei essas justificativas com muita frequência e por tempo demais.

Então, por que o conceito de indexação encontra tanta resistência por aí? Antes de tudo, tracemos um pequeno histórico.

John Bogle fundou a Vanguard em 1974. Ele foi o criador do fundo de índice de baixo custo moderno e meu herói. Se você deseja ser rico e ter independência financeira, John também deveria ser o seu modelo.

Antes do sr. Bogle, o setor financeiro funcionava quase exclusivamente para enriquecer quem vendia produtos, à custa de seus clientes. Até hoje é assim.

Mas então ele apareceu e mostrou que a prática do setor de selecionar ações específicas e cobrar por aconselhamento era, no melhor caso, inútil; no pior, prejudicial; e sempre um obstáculo ao enriquecimento das pessoas. A reação de Wall Street foi protestar com veemência e vilipendiá-lo incessantemente, o que não é de surpreender.

O sr. Bogle reagiu criando o primeiro fundo de índice S&P 500. Os lamentos e o ranger de dentes continuaram, mesmo quando o novo fundo de Bogle passou a validar suas teorias no mundo real.

À medida que os anos passavam e as provas se acumulavam, os críticos de Bogle começaram a suavizar seus comentários, provavelmente porque perceberam que eram imbecis. Outras empresas de fundos, levando em conta que as pessoas estavam cada vez menos dispostas a aceitar altas taxas em troca de desempenhos questionáveis, passaram a oferecer seus próprios fundos de índice de baixo custo, em um esforço para manter os clientes. Nunca acreditei que tenham tomado esse tipo de atitude por acreditar de verdade no produto. Por esse motivo, meu dinheiro fica na Vanguard.

O conceito básico por trás da Vanguard é que os interesses de uma firma de investimentos devem estar alinhados aos de seus acionistas. Essa foi uma ideia impressionante na época, e até hoje é a única empresa que age desse modo e a única que recomendo.

Já no que diz respeito à indexação, o conceito básico é que, como a probabilidade de selecionar ações com desempenho superior é muito pequena, é possível alcançar resultados melhores comprando todas as ações de determinado índice. Isso foi muito ridicularizado na época, e ainda o é em alguns lugares.

Ao longo das últimas quatro décadas, no entanto, a veracidade da ideia de Bogle foi sendo confirmada. Com isso, o dinheiro investido em fundos de índice continuou a aumentar. Até Warren Buffett, talvez a pessoa mais bem-sucedida da história em selecionar ações, recomendou que, após sua morte, sua esposa aplicasse nos fundos de índice.

Na carta anual de 2013 aos acionistas da Berkshire Hathaway, Buffett escreve:

> Meu conselho (...) não poderia ser mais simples: coloque 10% do dinheiro em títulos do governo de curto prazo e 90% em um fundo de índice S&P 500 de baixíssimo custo (sugiro o da Vanguard). Acredito que os resultados de longo prazo dessa estratégia serão superiores aos alcançados pela maioria dos investidores – sejam fundos de pensão, instituições ou indivíduos – que empregam gestores bem remunerados.

Então, com todas essas evidências, por que ainda tem gente que fala mal? Como vimos no Capítulo 11, tudo se resume à ganância, à psicologia e ao dinheiro.

Em suma, há dinheiro demais em jogo e fragilidades demais na psique humana para que os fundos de gestão ativa e os gestores desapareçam. Mesmo com a aceitação crescente dos fundos de índice, ainda há 4.600 fundos mútuos de ações em oferta no momento em que escrevo. Para fins de comparação, existem cerca de 4 mil empresas americanas de capital aberto para investir. Sim, você leu certo. Como vimos na Parte II, há mais fundos mútuos de ações que ações para eles comprarem.

Wall Street sempre cria novos produtos e esquemas para vender para você, ao mesmo tempo que fecha – sistemática e silenciosamente – os que deram errado (o que serve para fazer o histórico das firmas parecer melhor). Mas não se engane, o objetivo é sempre encher os bolsos dos executivos, não os seus.

Meu conselho: use os fundos de índice e a empresa que o sr. Bogle criou e preserve o que é seu.

CAPÍTULO 24

Por que não sou capaz de escolher ações que terão bom desempenho – nem você

Não se sinta mal. Como vimos, a maioria dos profissionais não consegue.

O debate indexação versus gestão ativa é sempre fascinante – ao menos para nós, fanáticos da bolsa sem nada melhor para fazer. Ao longo das décadas, estive em ambos os lados. Por muito tempo, ri dos indexadores. Apresentei todos os argumentos possíveis. Afinal, era só evitar as ações ruins e você teria um resultado acima da média, certo? No último capítulo, demonstrei que essa não é uma tarefa tão fácil assim. No entanto, no verão de 1989, eu ainda estava convencido de que poderia vencer esse jogo.

Certa vez, estava voltando de uma viagem de negócios e, por acaso, me sentei ao lado de um rapaz que trabalhava para uma empresa de pesquisa em investimentos. Durante o voo, ele sugeriu que eu entrasse para a firma dele e, quando pedi, me deu três dicas de ações. Escolhi uma delas ao acaso e comprei. Nas semanas seguintes, vi seu valor triplicar. Nesse meio-tempo, aceitei uma enorme redução no meu salário para ir trabalhar na tal firma – uma grande mudança no meio da minha carreira. De que importava o salário? O verdadeiro dinheiro estaria no fluxo de informações.

Lá estava eu, cercado por analistas brilhantes. Cada um se concentrava em um, talvez dois setores e, dentro dessas áreas, examinavam entre seis e dez empresas e suas ações. Alguns dos profissionais tinham sido homenageados na imprensa especializada como "Analista do Ano" pela excelência de seu trabalho. Eram os melhores do ramo.

Conheciam cada um desses setores como a palma das mãos. Relacionavam-se com os altos executivos, os gerentes de nível médio e também com o pessoal da linha de frente. Conheciam os clientes, os fornecedores, os recepcionistas. Conversavam com todos no mínimo uma vez por semana – às vezes todo dia.

Não tinham acesso a dados cruciais antes de outros (isso seria uso de informação privilegiada – uma técnica infalível, mas ilegal). Mas sabiam quando e como esses dados seriam divulgados. É claro que todos os outros analistas competentes do mundo também tinham conhecimento dessas informações, que influenciavam o preço das ações em questão de segundos.

Eles emitiam relatórios pelos quais nossos clientes, investidores institucionais, pagavam caro. Ainda assim, prever com precisão o desempenho das ações continuava sendo uma tarefa ardilosa.

Se você já trabalhou em uma grande empresa, não é difícil saber por quê. O presidente executivo (CEO) e o diretor financeiro (CFO) trabalham com previsões internas criadas por suas equipes. O processo é mais ou menos assim:

A equipe de vendas precisa prever quanto seus clientes gastarão. Como essas compras raramente são fechadas com antecedência e podem ser canceladas a qualquer momento, nada é muito certo. Além disso, há todos os negócios pendentes que podem ou não ser concretizados. Então, pede-se que o vendedor de campo preveja o futuro. Em geral, eles não são videntes. Portanto, dão palpites.

Esses palpites são repassados aos gerentes, que também não têm bola de cristal e precisam fazer suas próprias previsões para tomar decisões. Devo aceitar cegamente essas estimativas de vendas? Ou será que faço ajustes, pois sei que a Suzy é muito otimista e o Harry sempre acha que vai dar tudo errado? Os gerentes, é claro, também dão palpite e o repassam para a próxima camada de gestores.

E assim a roda-viva vai acontecendo, até que todas as suposições sobre o futuro imprevisível sejam consolidadas em lindos documentos de orçamentos/previsões e apresentados ao alto escalão da empresa. Depois de uma olhada rápida, eles dirão: "Isto é inaceitável. Não podemos apresentar esta previsão para Wall Street. Precisamos de mais resultados positivos. Voltem e revisem estes números." E voltamos à base da pirâmide. Talvez isso ocorra diversas vezes, com os números se afastando pouco a pouco da realidade.

Prever o futuro é uma tarefa arriscada até para os médiuns mais talentosos, e olha que eles não precisam passar por esse processo extenuante.

De repente, minha enorme arrogância em achar que poderia encontrar as ações mais bem-sucedidas ficou evidente. Ler alguns livros e relatórios anuais 10-K[33] me daria alguma vantagem nesse processo? Não apenas sobre os analistas profissionais,

---

[33] Um relatório 10-K é um resumo abrangente dos resultados de uma empresa que precisa ser submetido todo ano à SEC. Em geral, o 10-K é muito mais detalhado que o relatório anual. (N. do A.)

que viviam imersos nesse universo, todos os dias, mas sobre os executivos que comandam as empresas em questão? Eu poderia ter mais êxito do que eles?

Subitamente percebi por que até os mais célebres gestores de fundos têm dificuldade de superar o desempenho de um índice simples ao longo do tempo. E por que se ganha mais dinheiro intermediando que fazendo negócios.

Tenho horror à ideia frequente de que um investidor pode ler uns poucos livros sobre como avaliar ações e, então, ter resultados iguais aos de Warren Buffett. Talvez a mais interessante dessas obras seja *O investidor inteligente*, escrito pelo mentor de Buffett, Benjamin Graham. É um ótimo livro e, se você se interessa por análise de ações, recomendo que o leia.

Mas não esqueça de que, quando Graham o escreveu, em 1949, o primeiro fundo de índice de John Bogle ainda levaria 25 anos para surgir. Até fundos mútuos com gestão ativa eram raros. Naquela época, analisar e escolher ações específicas era uma habilidade muito mais necessária e útil. No entanto, na década de 1950, o sr. Graham estava começando a se abrir para o conceito de indexação e, em entrevistas de meados dos anos 1970, tinha passado a reconhecer o seu valor.

A ideia de que os indivíduos podem ter um desempenho melhor que o mercado é, tomando emprestada uma expressão do meu pai, uma patacoada. Uma patacoada perigosa, aliás.

As pessoas tentam fazer isso há décadas e, no entanto, só há um Buffett.

Lembra-se de Muhammad Ali? Na época em que lutava, ele era o Warren Buffett do boxe. Você e eu poderíamos seguir a mesma rotina de treinos que ele, talvez até contratar o mesmo técnico, Angelo Dundee, para nos ensinar os melhores golpes. Poderíamos ter ganhado músculos e força, e feito o dever de casa aprendendo tudo sobre o esporte. E, depois de todo esse esforço, você subiria no ringue com Joe Frazier, George Foreman ou Sonny Liston?

Eu não. Não sou Ali, nem Buffett. E você também não é – a menos, é claro, que seja um dos dois de verdade. Neste caso, obrigado por ler meu livro.

Depois do capítulo anterior, você já sabe o que Warren Buffett recomenda para investidores individuais: fundos de índice de baixo custo e base ampla. Se ainda estivesse vivo, Graham faria a mesma recomendação.

Caso você opte por tentar superar as melhores médias, boa sorte e vá com Deus. Você pode ser mais inteligente e talentoso do que eu. É muito provável que seja mais bonito. Vou procurar seu nome junto com o de Buffett em um futuro não muito distante.

Estendo o mesmo desejo a todas as pessoas que conheci em Las Vegas e que me asseguram que venceram a casa. Escuto, olho para os cassinos de bilhões de dólares e penso em quantas pessoas mais espertas, talentosas e bonitas existem por aí.

Um pouco de humildade ajuda muito a salvar sua pele e seu dinheiro.

CAPÍTULO 25

Por que não gosto da prática de *dollar cost averaging*

Em algum momento de sua vida, você pode enfrentar o feliz dilema de ter um grande montante de dinheiro na mão para investir. Pode ser uma herança, ou talvez os ganhos com a venda de outro ativo. Seja qual for a fonte, investir tudo de uma vez parecerá assustador, como vimos no Capítulo 5.

Se o mercado estiver em um de seus períodos de alta e alcançando novos recordes todos os dias, tudo parecerá caro demais. Se estiver em queda, você terá medo de investir sem saber até onde os preços cairão. Nenhuma solução mágica vai despencar do céu.

Em geral, a saída mais recomendada é adotar a estratégia de *dollar cost averaging* (DCA), entrando aos poucos no mercado. A ideia é que, se os preços despencarem, você terá se poupado de um pouco de dor de cabeça. Não sou fã dessa estratégia e logo explicarei o motivo, mas primeiro vamos entender o que é DCA.

Quando usa DCA para entrar em um investimento, você divide o dinheiro em partes iguais e, então, aplica essas partes em momentos específicos ao longo de um período extenso.

Digamos que você tenha 120 mil dólares e queira investir em VTSAX. Você já sabe que o mercado é volátil. Ele pode sofrer – e às vezes sofre – quedas dramáticas. E você tem consciência de que isso pode acontecer um dia depois de investir seus 120 mil dólares. Embora improvável, esse acontecimento tornaria seu dia muito, muito ruim. Então, em vez de investir tudo de uma vez, você decide aplicar a estratégia DCA e, assim, mitigar o risco. Eis como funciona.

Primeiro, você seleciona um intervalo para usar os 120 mil dólares; digamos que nos próximos 12 meses. Então você divide o dinheiro por 12 e, a cada mês, investe 10 mil. Assim, se o mercado despencar logo após seu primeiro investimento, você terá outros 11 períodos de investimento que podem ser menos sombrios. Parece uma ótima solução, não é?

Essa tática elimina o risco de investir tudo de uma vez, mas saiba que só funcionará se o mercado cair e o custo médio de suas ações ao longo dos 12 meses permanecer abaixo do preço das ações na data em que você começou a investir. Se o mercado subir, você ficará para trás. Você está trocando um risco (o mercado cair depois do momento da compra) por outro (o mercado subir enquanto você usa a estratégia DCA, o que significa que pagará mais por suas ações). Então, qual risco é mais provável?

Você já entendeu que o mercado sempre sobe, mas que essa ascensão é turbulenta. E sabe que as altas são mais frequentes que as quedas. Pense nisto: entre 1970 e 2013, o mercado subiu em 33 desses 43 anos. Ou seja, 77% do tempo.

Agora você está começando a compreender por que não sou fã de *dollar cost averaging*, mas, ainda assim, vamos listar as razões:

1. Ao praticar DCA, você está apostando que o mercado vai cair, poupando-se de um pouco de dor de cabeça. Em qualquer ano, a probabilidade de isso acontecer é de apenas 23%.

2. Ao entender que o mercado tem quase 77% mais chances de subir, você precisa ter consciência de que evitou algum *ganho*. A cada nova parcela investida, você pagará mais por suas ações.
3. Ao aplicar a estratégia DCA, você está dizendo que o mercado está em alta grande demais para investir tudo de uma vez. Em outras palavras, você se perdeu no universo tenebroso de prever o mercado. Que é um jogo impossível de ganhar.
4. Ao praticar DCA, você está lesando a sua alocação de ativos. No início, você terá um montante descomunal em dinheiro esperando para ser investido. Tudo bem se essa for a sua estratégia de alocação; caso contrário, precisa entender que, ao fazer *dollar cost averaging*, você muda o cenário de forma profunda e crucial.
5. Ao escolher praticar DCA, você tem que definir um período para aplicar. Como o mercado tende a subir com o tempo, se escolher um período longo – digamos mais de um ano –, você aumenta o risco de pagar mais por suas ações quando investir. Se definir um período mais curto, você reduz o valor de usar a estratégia DCA.
6. Ao chegar no fim do período de DCA com todo o dinheiro investido, você corre o mesmo risco de o mercado despencar um dia depois de você terminar de aplicar sua estratégia.

Qual a melhor saída, então?, você deve se perguntar.

Se tiver seguido as estratégias descritas na Parte II, você já sabe em qual fase se enquadra: acumulação ou preservação de patrimônio.

Caso esteja na fase de acumulação, você está sendo agressivo e investindo uma grande porcentagem do que ganha a cada mês. Em certo sentido, esse investimento regular de sua renda é uma forma inevitável de *dollar cost averaging* e serve para atenuar as subidas e quedas do mercado. A grande diferença, porém, é que você fará isso por muitos anos ou até décadas. E, claro, não tem a opção de investir um grande montante de uma só vez.

No entanto, você está aplicando seu dinheiro assim que o obtém, para que ele trabalhe a seu favor pelo máximo de tempo possível. Eu faria o mesmo com qualquer quantia que aparecesse à minha frente.

Caso esteja na fase de preservação de riqueza, você tem uma alocação de ativos que inclui títulos para suavizar as altas e baixas do mercado. Nesse caso, invista o montante que recebeu de acordo com sua alocação e deixe que ela mitigue os riscos.

Se estiver nervoso demais para seguir esses conselhos e achar que o mercado pode sofrer uma queda abrupta logo depois de você investir, o que vai tirar o seu sono, vá em frente e aplique em DCA. Não será o fim do mundo.

Mas isso significa ajustar sua estratégia de investimentos à sua psicologia, e não o contrário.

CAPÍTULO 26

Como ser um guru do mercado de ações e aparecer na TV

Antigamente, Louis Rukeyser apresentava o *Wall Street Week* toda sexta-feira à noite no canal PBS. Assistir ao programa dele era um ritual de fim da semana para mim.

Rukeyser sempre abria com um comentário sobre os altos e baixos do mercado na semana anterior e, em seguida, se dirigia a uma bancada rotativa de três gurus de Wall Street para que dessem sua opinião. Dois dos meus favoritos eram Abby Joseph Cohen, um otimista implacável, e Marty Zweig, que estava sempre "preocupado com esse mercado".

Todos os convidados tinham credenciais impecáveis, e Rukeyser fazia questão de escalar pessoas que, a cada semana, apresentariam visões opostas sobre a condição e a direção do mercado. Às vezes, as previsões de uma delas até se provavam corretas.

Os comentários, as perguntas e as interjeições do apresentador vinham sempre acompanhados de uma piscadela, um sorriso e um ótimo humor. Ele morreu em 2006, e a geração atual de investidores não pode contar com suas ideias e sua sabedoria.

O principal ensinamento que tirei do programa e de seu elenco de convidados é que, a qualquer momento, algum especialista está prevendo um futuro que pode vir a ocorrer. Como até mesmo um relógio parado marca a hora correta duas vezes ao dia, alguém estará certo. Quando acertar, ele e seu golpe de sorte serão interpretados como sabedoria e perspicácia. E, se essa previsão for surpreendente, poderá gerar fama e fortuna ao especialista em negócios.

Sempre no mês de janeiro, Rukeyser pedia que cada um de seus convidados previsse os altos, os baixos e o desfecho do mercado naquele ano. Não me lembro bem da frase que ele usava, mas, após as previsões, dizia algo como: "... sabendo que mesmo esses especialistas podem estar errados, aí está." E piscava para a câmera.

No mês de dezembro, ele parabenizava aqueles que tinham se aproximado mais dos números reais e repreendia os que haviam errado feio. Tudo muito divertido, se não fosse levado a sério. Eu até me permitia fazer minhas próprias previsões anuais, mas nunca com a ideia de aparecer na TV. Mesmo que eu estivesse certo, elas não me levariam a ser entrevistado. Não eram radicais o bastante. Mas tudo bem, porque esse nunca foi o meu objetivo. Se for o seu, aqui estão alguns pontos que deveria seguir (com minha própria piscadela sábia):

PASSO 1: Faça uma previsão de uma grande oscilação de curto prazo no mercado. Para cima ou para baixo, não importa (para baixo é mais fácil e assustadora). Quanto mais amedrontadora, mais você vai ficar famoso se estiver certo.

PASSO 2: Documente a data e a hora em que fez a previsão.

PASSO 3: Quando a previsão não se concretizar, espere um pouco.

PASSO 4: Repita os passos 1 a 3 até que um dia você esteja certo.

PASSO 5: Solte um comunicado à imprensa: "Mercado em queda livre!!!, assim como (insira seu nome aqui) previu."

PASSO 6: Abra espaço em sua agenda para entrevistas na mídia.

PASSO 7: Mande para mim a taxa de 15% como agente de sua fortuna recém-conquistada.

Certifique-se de não soltar um comunicado à imprensa até que os acontecimentos provem que você estava certo.

Tenha em mente que, depois que seu status de guru for estabelecido, espera-se que você seja capaz de repetir o feito. Por meses – talvez anos –, tudo o que você disser será anotado. Cada passo em falso será documentado até que você desapareça de vista, humilhado e desacreditado. Mas também rico, se tiver aproveitado o momento de fama.

CAPÍTULO 27

Você também pode ser passado para trás

Tempos atrás fiz uma inimiga.

Ela é viúva de um velho amigo meu. Antes de ele morrer, prometi que tentaria cuidar um pouco dela.

Durante uma conversa, ela disse que eu a fazia se sentir insignificante e burra. E chorou. É muito provável que eu seja culpado das duas acusações. Nem sempre tenho tato. Mas, assim espero, economizei 2 milhões de dólares para ela.

Já faz um tempo que o marido dela morreu. Ao longo dos anos, ele trabalhou duro e acumulou esses 2 milhões. Ele amava muito a esposa e sabia que era bem provável que a deixasse viúva. O dinheiro foi um gesto de amor. Ele queria ter certeza de que ela teria segurança financeira.

Mas ele também sabia três coisas que o assustavam muito:

1. A esposa acreditava no proverbial "almoço grátis". Isto é, ela estava sempre aberta a ofertas tentadoras. Um exemplo eram os celulares gratuitos. Toda vez que o contrato deles com a operadora de telefonia expirava, a empresa oferecia

um celular "grátis", que ela aceitava com orgulho. De alguma forma, parecia não perceber que, para isso, ficava presa a um contrato de dois anos, repetidas vezes. Embora fosse algo pequeno, era um mau sinal.
2. O mundo está cheio de predadores à procura de pessoas com o perfil dela.
3. O dinheiro e essa crença no "almoço grátis" atraem esses predadores como tubarões em volta de uma presa sangrenta.

Foi esse tema do "almoço grátis" que me fez perder a linha e a levou às lágrimas. Eu estava tentando, de uma forma gentil, persuadi-la a enxergar o risco que os predadores financeiros representam. Ela é uma mulher muito inteligente e parecia ter entendido meus argumentos. Mas então disse: "Não se preocupe. É impossível me passar para trás."

"Agora você acabou de quebrar a primeira regra para não ser passada para trás!", respondi (e a esta altura acho que, lamentavelmente, eu já tinha levantado a voz).

Não se iluda. Você *pode* ser enganado. Eu também.

Aqui está um golpe que encontrei há muitos anos. Por sorte, eu já havia lido sobre ele, mas se não fosse por isso eu poderia muito bem ter mordido a isca. Vou contar como é.

Um dia você recebe uma carta — ou talvez, hoje em dia, um e-mail. Nela, um consultor de investimentos se apresenta e lhe oferece uma dica de ação. Por exemplo, o preço da empresa ABC vai aumentar bastante nas próximas duas semanas. Não invista, adverte ele, sem fazer seu dever de casa. Mas as "métricas proprietárias" desse consultor estão apontando que é um ótimo negócio.

Você não é bobo, mas decide que talvez valha a pena ficar de olho nessa ação. Só para ver o que acontece. Você não quer perder uma boa oportunidade. E, é claro, o preço da ABC sobe vertiginosamente. Você poderia ter multiplicado seu dinheiro em 50%, 60% ou até 100% em apenas alguns dias. Droga. Então chega a carta número dois.

Esta diz que outra empresa, a BCD, está prestes a sofrer uma queda acentuada. Nossas métricas, afirma a mensagem, dizem para vender essa ação a descoberto (ou "short", uma forma de vender ações que você não tem, apostando que o preço delas cairá). Você é um investidor cuidadoso. Mais uma vez, decide esperar para ver, embora com mais interesse agora.

E é verdade, o preço da ação desaba, como previsto. Se você tivesse agido, teria obtido grandes lucros.

A terceira carta chega. Então a quarta, a quinta e talvez até a sexta. Todas acertam em cheio. As ações se valorizam, ou sofrem uma queda, como previsto. Pode ser que você tenha até arriscado e lucrado com uma ou duas das recomendações. A essa altura, é difícil não ficar impressionado com o que dizia o consultor.

Então você recebe um convite para jantar em um dos restaurantes mais finos de sua região. Você e um punhado de outros "investidores de nível executivo" são convidados para uma reunião informal com o sr. Infalível. Ele falará sobre suas métricas exclusivas de investimento e como elas o deixaram rico.

No jantar, o sr. Infalível tem a fala mansa. É cordial, gentil e interessado. Seu figurino de bom gosto demonstra riqueza, mas de uma forma discreta. Ele apresenta tabelas e gráficos. A abordagem de investimento exata não fica clara; mas, afinal, ela é exclusiva. Isso é esperado. Ah – ele menciona de passagem –, por coincidência ainda há algumas cotas disponíveis em seu mais novo *pool* de investimentos. Não há obrigação alguma, é claro, mas "com base em nossa experiência", elas se esgotarão amanhã. Então, se você estiver interessado...

Como todo passe de mágica, é claro que isso é um truque. Você é capaz de identificá-lo? Se conseguir, e se esta for a primeira vez que você se depara com essa situação, então você é mais esperto que eu. Mas não fique se achando o esperto em decifrar a personalidade alheia. Pode não ser esse, mas outro golpe virá e passará despercebido. E pode atingi-lo em cheio. Se não se der conta a tempo, você será uma vítima fácil. Desconfiar é a primeira regra. Esteja atento a tudo isto:

REGRA Nº 1: Todos podem ser enganados. Pessoas ingênuas são alvos de golpes, mas indivíduos brilhantes também estão no radar de pilantras. No momento em que você começa a pensar que está imune, se torna um alvo mais atraente. As vítimas mais fáceis são aquelas que pensam ter inteligência e sabedoria demais para serem passadas para trás. Você se identificou com esses requisitos, meu jovem?

REGRA Nº 2: É bem possível que você seja enganado em uma área na qual é especialista. O motivo é simples: segmentação e ego. Quando escolhem dar um golpe, os vigaristas procuram pessoas que serão atraídas pelas "vantagens" em questão, porque já atuam naquela área. Sentem-se seguras, pois "sabem" onde estão pisando. Acreditam que serão espertas demais para serem pegas desprevenidas. Gente inteligente sabe quais setores não domina e tende a ser muito mais cautelosa. Muitas das vítimas de Bernie Madoff eram profissionais do mundo financeiro.

REGRA Nº 3: Golpistas não aparentam ser golpistas. Não é como em filmes de Hollywood – eles não usam chapéus de aba larga cobrindo os olhos esquivos. Vigaristas bem-sucedidos parecem inofensivos, confiáveis, honestos, estáveis e tranquilizadores. Você não saberá como identificá-los. Aliás, talvez os receba de braços abertos.

REGRA Nº 4: Noventa e nove por cento do que os pilantras dizem é verdade. As melhores e mais eficazes mentiras estão cercadas de verdades. O golpe que o deixará sem dinheiro e com um motivo real para chorar está cuidadosamente escondido no fundo das infames letrinhas miúdas do contrato.

REGRA Nº 5: Se parece bom demais para ser verdade, é. Quando a esmola é demais, o santo desconfia. Sua mãe lhe ensinou isso. Ela estava certa. Ouça sua mãe.

Tendo dito isso, nem todos os golpes são inteligentes. Um e-mail de um nigeriano que você nunca viu na vida oferecendo a você, logo a você, milhões para aceitar uma transferência bancária deveria ser óbvio. Ou não é?

O estranho que bate à sua porta e oferece reparos com desconto para a sua casa porque "por coincidência, estamos trabalhando na vizinhança", mas só se você pagar adiantado, é um golpista. Você sabe disso. Ou não?

Esses são os golpes simples que a esposa do meu amigo tinha em mente, e ela está certa: é esperta demais para cair neles. Mas não era com esses subterfúgios que o marido dela se preocupava, e sim com os vigaristas astuciosos soltos por aí, que vão atrás de vítimas inteligentes, ricas e solitárias.

Se ainda não tiver feito isso, converse sobre esses assuntos com sua esposa ou seu esposo, parceiro ou parceira. Não deixe essa tarefa nas mãos de alguém como eu, um amigo da família sem tato (apesar de honesto).

Considerando as tabelas atuariais e seus bons genes, é provável que minha esposa também viva algumas décadas para além de mim. Como sou eu quem lida com os investimentos, temos essa conversa com regularidade. Revisamos os ativos que temos e por quê. A boa notícia é que ela entende os princípios e sua importância.

Como um aparte, esse é mais um motivo pelo qual sou fã dos fundos de índice. Quero dar à minha esposa uma carteira simples para que possa deixá-la no piloto automático. Até agora, essas discussões não me tornaram um inimigo dela. Ainda. Acho.

Eis como funciona o golpe do sr. Infalível:

É uma pirâmide invertida. Ele começa escolhendo uma ação muito volátil e envia mil cartas. Metade prevê que ela vai subir e metade, que vai cair. As quinhentas pessoas que receberam a previsão correta ganham a segunda carta, com outra ação volátil. Os 250 indivíduos que agora têm duas previsões corretas recebem a carta número três, e assim por diante. Quando chegamos à sexta carta, o golpista tem 15 ou 16 vítimas que receberam seis cartas seguidas com suas previsões certeiras. A essa altura, a maioria já está implorando para investir com ele.

PARTE IV

O que fazer quando você chegar lá

"O dinheiro nos liberta de fazer coisas de que não gostamos. Como não gosto de fazer quase nada, o dinheiro é uma mão na roda."

– GROUCHO MARX

CAPÍTULO 28

Taxas de retirada: quanto posso gastar afinal?

Quatro por cento, talvez mais.

Você seguiu o caminho simples e respeitou os três grandes mandamentos:

- Evitou dívidas.
- Gastou menos do que ganhou.
- Investiu o excedente.

Agora está sentado sobre seus ativos e se perguntando quanto pode gastar por ano para que não se esgotem. Isso pode ser estressante, mas, ao contrário, deveria ser divertido. Você pode até ser atrevido o bastante para perguntar: "Qual é a porcentagem de seus ativos que o Jim gasta?" Chegaremos lá.

Você não precisa ter lido muito sobre aposentadoria para já ter ouvido falar na "regra dos 4%". Ao contrário da maioria dos conselhos comuns, este resiste bem ao nosso escrutínio, embora seja de fato muito pouco compreendido.

Em 1998, três professores da Universidade Trinity se reuniram e fizeram muitas contas. Eles se perguntaram o que aconteceria com vários percentuais de retirada para diversas carteiras, cada qual com um mix de ações e títulos, ao longo de trinta anos, dependendo do ano em que os saques começaram. Os professores calcularam esses cenários ajustando ou não os níveis de retirada para acompanhar a inflação. Depois atualizaram os cálculos para o ano de 2009.

Das diversas opções do estudo, a mídia financeira se concentrou em apenas um dos modelos: a taxa de retirada de 4%, com uma carteira 50/50 de ações/títulos, corrigida pela inflação. Acontece que, em 96% das vezes, passados trinta anos, tal carteira permaneceu intacta. Em outras palavras, havia apenas 4% de probabilidade de essa estratégia falhar e deixar a pessoa destituída de dinheiro na velhice. Fracassou em apenas dois dos 55 anos de início medidos: 1965 e 1966. Com exceção desses dois anos, a estratégia funcionou e fez com que o montante remanescente na carteira crescesse a níveis espetaculares.

Pense no que acabei de dizer por um instante.

Na maioria dos casos, significa que os donos dessas carteiras poderiam ter retirado 5%, 6%, 7% ao ano. Caso abrissem mão dos aumentos inflacionários e sacassem 7% a cada ano, teriam se dado bem em 85% do tempo. Na maior parte das vezes, usufruir de apenas 4% era sinal de que, no fim da vida, a pessoa deixaria rios de dinheiro para os herdeiros (muitas vezes ingratos). Ótima notícia, se for esse o seu objetivo. Ótima notícia também se você quiser viver de sua carteira por mais de trinta anos.

Mas a mídia financeira acredita que a maioria das pessoas não gosta de pensar muito sobre investimentos. Ao relatar os resultados de 4%, a imprensa pôde falar sobre um número certeiro. Se baixarmos para 3%, temos algo quase infalível, que só perde em certeza para a morte e os impostos. E ainda assim significaria ter aumentos anuais de acordo com a inflação.

Embora 1965 e 1966 tenham sido os últimos – e únicos – dois anos em que os 4% falharam, lembre-se de que os anos mais recentes ainda não chegaram ao fim do período de trinta anos. Meu palpite: se tiver começado os saques em 2007, ou no início de 2008 pouco antes do colapso,[34] você terá caído em outros dois anos nos quais o plano de 4% estava destinado a falhar. E, então, é mais sábio reduzir a retirada. Mas, se começou com 4% sobre o valor de sua carteira na baixa de março de 2009, você acertou em cheio.

Em resumo:

Retirar 3% ou menos ao ano é uma aposta tão segura quanto possível.

- Se você for muito além de 7%, prepare-se para comer ração de gato no futuro.
- Se você agir corretamente, saberá que as ações são essenciais para a taxa de sobrevivência de uma carteira.
- Se a inflação anual aumentar, e você não quiser arriscar, deve manter a taxa de retirada abaixo de 4%. E manter a alocação em 75% de ações e 25% de títulos.
- Se abrir mão dos aumentos anuais de acordo com a inflação, você pode retirar até 6% com uma composição de 50% de ações e 50% de títulos.
- Se quiser, é possível sacar até 7%, como os autores do estudo sugerem, desde que se mantenha alerta e flexível. Ou seja,

---

[34] A crise do *subprime*, ou empréstimos de alto risco, que provocou um colapso financeiro mundial, levou à falência diversas instituições de grande porte e forçou governos de todo o mundo a lançarem planos de resgate do setor financeiro. (N. do E.)

se o mercado entrar em queda livre, você deve reduzir os saques e os gastos até que ele se recupere.

O estudo tem quatro tabelas que reproduzo a seguir. As Tabelas 1 e 2 observam o desempenho de várias carteiras ao longo do tempo com diversas taxas de retirada. As Tabelas 3 e 4 nos mostram quanto dinheiro resta nas carteiras após trinta anos. A diferença entre elas é que as Tabelas 2 e 4 presumem que o valor de retirada em dólares é ajustado a cada ano de acordo com a inflação. Vamos dar uma olhada.

TABELA 1: Taxas de sucesso da carteira de aposentadoria por taxa de retirada, composição da carteira e período de pagamento

Taxa de saque anualizada como uma porcentagem do valor inicial da carteira										
Período de pagamento	3%	4%	5%	6%	7%	8%	9%	10%	11%	12%
100% ações	Taxa percentual de sucesso									
15 anos	100	100	97	97	94	93	86	80	71	63
20 anos	100	98	97	95	92	86	77	66	55	51
25 anos	100	98	97	93	90	80	67	55	48	40
30 anos	100	98	96	93	87	76	62	51	40	35
75% ações/ 25% títulos										
15 anos	100	100	100	100	97	94	90	77	66	56
20 anos	100	100	100	97	95	89	74	58	49	43
25 anos	100	100	98	97	92	78	60	52	42	32
30 anos	100	100	98	96	91	69	55	38	29	20
50% ações/ 50% títulos										
15 anos	100	100	100	100	100	99	93	73	57	46
20 anos	100	100	100	100	98	88	63	46	32	20
25 anos	100	100	100	100	95	67	48	28	18	13
30 anos	100	100	100	98	85	53	27	15	9	5
25% ações/ 75% títulos										
15 anos	100	100	100	100	100	100	86	53	34	30
20 anos	100	100	100	100	100	68	35	26	22	14
25 anos	100	100	100	100	68	33	25	17	13	10
30 anos	100	100	100	96	38	24	15	9	5	2
100% títulos										
15 anos	100	100	100	100	100	73	56	44	29	19
20 anos	100	100	100	92	54	49	28	20	14	9
25 anos	100	100	97	58	43	27	18	10	10	8
30 anos	100	100	64	42	24	16	7	2	0	0

TABELA 2: Taxas de sucesso da carteira de aposentadoria por taxa de retirada, composição da carteira e período de pagamento em que os saques são ajustados de acordo com a inflação

Taxa de saque anualizada como uma porcentagem do valor inicial da carteira										
Período de pagamento	3%	4%	5%	6%	7%	8%	9%	10%	11%	12%
100% ações	Taxa percentual de sucesso									
15 anos	100	100	100	94	86	76	71	64	51	46
20 anos	100	100	92	80	72	65	52	45	38	25
25 anos	100	100	88	75	63	50	42	33	27	17
30 anos	100	98	80	62	55	44	33	27	15	5
75% ações/ 25% títulos										
15 anos	100	100	100	97	87	77	70	56	47	30
20 anos	100	100	95	80	72	60	49	31	25	11
25 anos	100	100	87	70	58	42	32	20	10	3
30 anos	100	100	82	60	45	35	13	5	0	0
50% ações/ 50% títulos										
15 anos	100	100	100	99	84	71	61	44	34	21
20 anos	100	100	94	80	63	43	31	23	8	6
25 anos	100	100	83	60	42	23	13	8	7	2
30 anos	100	96	67	51	22	9	0	0	0	0
25% ações/ 75% títulos										
15 anos	100	100	100	99	77	59	43	34	26	13
20 anos	100	100	82	52	26	14	9	3	0	0
25 anos	100	95	58	32	25	15	8	7	2	2
30 anos	100	80	31	22	7	0	0	0	0	0
100% títulos										
15 anos	100	100	100	81	54	37	34	27	19	10
20 anos	100	97	65	37	29	28	17	8	2	2
25 anos	100	62	33	23	18	8	8	2	2	0
30 anos	84	35	22	11	2	0	0	0	0	0

TABELA 3: Valores médios da carteira de aposentadoria no fim do período, líquidos das retiradas fixas (com valor inicial da carteira presumido em 1.000 dólares)

Taxa de saque anualizada como uma porcentagem do valor inicial da carteira									
Período de pagamento	3%	4%	5%	6%	7%	8%	9%	10%	11%	12%
100% ações	Valor final em dólares								
15 anos	4.037	3.634	3.290	2.978	2.564	2.061	1.689	1.378	1.067	563
20 anos	6.893	6.083	5.498	4.640	3.821	2.907	2.059	1.209	610	51
25 anos	10.128	8.466	7.708	6.094	4.321	2.936	1.765	459	0	0
30 anos	17.950	15.610	12.137	9.818	7.752	5.413	2.461	41	0	0
75% ações/ 25% títulos									
15 anos	3.414	3.086	2.682	2.293	1.937	1.528	1.169	888	623	299
20 anos	5.368	4.594	3.933	3.177	2.665	2.062	1.339	574	0	0
25 anos	8.190	5.724	4.732	3.889	2.913	1.865	500	0	0	0
30 anos	12.765	10.743	8.729	5.210	3.584	2.262	1.424	800	367	105
50% ações/ 50% títulos									
15 anos	2.668	2.315	2.015	1.705	1.398	1.097	785	470	187	0
20 anos	3.555	3.018	2.329	1.926	1.462	940	420	0	0	0
25 anos	4.689	3.583	2.695	1.953	1.293	624	0	0	0	0
30 anos	8.663	7.100	5.538	2.409	1.190	466	136	16	0	0
25% ações/ 75% títulos									
15 anos	1.685	1.446	1.208	961	731	499	254	14	0	0
20 anos	2.033	1.665	1.258	882	521	136	0	0	0	0
25 anos	2.638	1.863	1.303	704	130	0	0	0	0	0
30 anos	3.350	2.587	1.816	647	0	0	0	0	0	0
100% títulos									
15 anos	1.575	1.344	1.102	886	651	420	211	0	0	0
20 anos	1.502	1.188	926	537	132	0	0	0	0	0
25 anos	1.639	1.183	763	41	0	0	0	0	0	0
30 anos	1.664	1.157	670	0	0	0	0	0	0	0

TABELA 4: Valores médios da carteira de aposentadoria no fim do período com retiradas ajustadas de acordo com a inflação (com valor inicial da carteira presumido em 1.000 dólares)

Taxa de saque anualizada como uma porcentagem do valor inicial da carteira										
Período de pagamento	3%	4%	5%	6%	7%	8%	9%	10%	11%	12%
100% ações	Valor final em dólares									
15 anos	3.832	1.760	3.005	2.458	2.018	1.427	859	483	44	0
20 anos	6.730	5.808	5.095	3.421	1.953	1.215	361	0	0	0
25 anos	8.707	6.304	5.103	2.931	1.683	0	0	0	0	0
30 anos	12.929	10.075	7.244	4.128	1.253	0	0	0	0	0
75% ações/ 25% títulos										
15 anos	3.139	1.601	2.163	1.773	1.290	943	612	275	0	0
20 anos	4.548	3.733	2.971	2.051	1.231	450	0	0	0	0
25 anos	5.976	4.241	2.878	1.514	383	0	0	0	0	0
30 anos	8.534	5.968	3.554	1.338	0	0	0	0	0	0
50% ações/ 50% títulos										
15 anos	2.316	1.390	1.535	1.268	889	489	182	0	0	0
20 anos	2.865	2.256	1.667	1.068	469	0	0	0	0	0
25 anos	3.726	2.439	1.453	583	0	0	0	0	0	0
30 anos	4.754	2.971	1.383	9	0	0	0	0	0	0
25% ações/ 75% títulos										
15 anos	1.596	1.011	777	456	56	0	0	0	0	0
20 anos	1.785	1.196	778	268	0	0	0	0	0	0
25 anos	1.847	941	67	0	0	0	0	0	0	0
30 anos	2.333	633	0	0	0	0	0	0	0	0
100% títulos										
15 anos	1.325	852	612	303	48	0	0	0	0	0
20 anos	1.058	621	146	0	0	0	0	0	0	0
25 anos	919	102	0	0	0	0	0	0	0	0
30 anos	626	0	0	0	0	0	0	0	0	0

Observação: Os dados para retornos de ações são os retornos mensais totais do índice Standard & Poor's 500, e os retornos de títulos são os retornos mensais totais de títulos corporativos negociados nos Estados Unidos com notas elevadas (baixa classificação de risco). Ambos os conjuntos de dados são de janeiro de 1926 a dezembro de 2009, conforme publicados no *Ibbotson SBBI Classic Yearbook* da Morningstar de 2010.

Tabela 1: (Financial Planning Association, 2010, Tabela 1: Taxas de sucesso da carteira de aposentadoria por taxa de retirada, composição da carteira e período de pagamento.)

Tabela 2: Os ajustes de inflação foram calculados com base em valores anuais do IPC-U conforme publicados no U.S. Bureau of Labor Statistics em www.bls.gov. (Financial Planning Association, 2010, Tabela 2: Taxas de sucesso da carteira de aposentadoria por taxa de retirada, composição da carteira e período de pagamento em que os saques são ajustados de acordo com a inflação.)
Tabela 3: (Financial Planning Association, 2010, Tabela 3: Valores médios da carteira de aposentadoria no fim do período, líquidos das retiradas fixas com valor inicial da carteira presumido em 1.000 dólares.)
Tabela 4: Os ajustes de inflação foram calculados de acordo com os valores anuais do IPC-U conforme publicados no U.S. Bureau of Labor Statistics em www.bls.gov. (Financial Planning Association, 2010, Tabela 4: Valores médios da carteira de aposentadoria no fim do período com retiradas ajustadas de acordo com a inflação com valor inicial da carteira presumido em 1.000 dólares.)[35]

Então, se olhar a Tabela 1 e a composição 50/50 com taxa de retirada de 4%, você verá que sua carteira tem 100% de probabilidade de sobreviver por trinta anos.

A Tabela 2 mostra que, se você seguir esses mesmos parâmetros, mas tiver aumentos de acordo com a inflação, a chance de sobrevivência de sua carteira cai para 96%. Faz sentido, não?

As Tabelas 3 e 4 nos informam quanto dinheiro resta nas carteiras passados trinta anos e isso, para mim, é bem convincente. Mais uma vez, a Tabela 3 presume uma porcentagem de retirada única ao longo dos anos, e a Tabela 4 supõe que você dê a si mesmo aumentos de acordo com a inflação. Vejamos alguns exemplos:

Presumindo uma taxa de retirada de 4% em uma carteira com valor de 1 milhão de dólares, eis o que você teria (valor final médio) após trinta anos:

---

[35] Os cálculos das tabelas têm como base o mercado americano e, portanto, não refletem as condições do mercado brasileiro, no qual as taxas de juros pagas sobre títulos da dívida corporativa são historicamente mais altas. Mas as tabelas podem ser usadas como exemplo de estruturação de alocação e resgate, e aplicadas com ajustes à realidade do mercado doméstico. (N. do E.)

Da Tabela 3 (sem saques corrigidos pela inflação):

- 100% ações = 15.610.000 dólares.
- 75% ações/ 25% títulos = 10.743.000 dólares.
- 50% ações/ 50% títulos = 7.100.000 dólares.

Da Tabela 4 (com retiradas corrigidas para acompanhar a inflação):

- 100% ações = 10.075.000 dólares.
- 75% ações/ 25% títulos = 5.968.000 dólares.
- 50% ações/ 50% títulos = 2.971.000 dólares.

São dados muito poderosos e que devem lhe dar muitos motivos para se sentir acalentado e confortável à medida que percorrer *O caminho simples para a riqueza*.

Ao examinar essas tabelas, você terá certeza suficiente do poder e da necessidade das ações na acumulação e na preservação de seu patrimônio. É por isso que elas têm um papel central na nossa jornada.

O que talvez seja menos óbvio – mas crucial – é a importância de usar fundos de índice de baixo custo para montar sua carteira. Quando você começa a pagar taxas de 1% ou 2% a gestores ativos de fundos mútuos e/ou consultores de investimento, todas essas suposições positivas vão por água abaixo. Wade Pfau, professor de renda na aposentadoria no American College for Financial Services e um dos observadores mais respeitados do estudo da Trinity, é quem melhor explica essa questão: "A carteira 50-50 ao longo de trinta anos com saques de 4% ajustados de acordo com a inflação teve uma porcentagem de sucesso de 96% sem taxas, 84% com taxas de 1%, e 65% com taxas de 2%."

Em outras palavras, usar as projeções do estudo da Universidade Trinity com carteiras montadas a partir de qualquer outro ativo que não fundos de índice de baixo custo é inválido.

Então, respondendo àquela pergunta que mencionei anteriormente: Qual taxa de saque uso em minha própria aposentadoria? Confesso que presto tão pouca atenção que levei alguns instantes para descobrir e, mesmo assim, não cheguei a um número exato. No entanto, meu melhor palpite é que, nos últimos anos, ela foi um pouco acima de 5%. Essa abordagem casual pode surpreendê-lo. Mas existem circunstâncias atenuantes:

1. Minha filha estava na faculdade. Essa é uma despesa anual enorme, mas que desapareceu a partir da primavera de 2014. Durante os anos que ela passou na universidade, o dinheiro figurava em meu patrimônio total, mas também estava marcado como "gasto".
2. Desde a minha aposentadoria, minha esposa e eu passamos a fazer mais viagens, e os gastos relacionados a elas aumentaram de forma acentuada. Não quero ser mórbido, mas, na minha idade, estou mais preocupado em ficar sem tempo do que sem dinheiro. Se o mercado sofrer uma baixa acentuada, é uma despesa fácil de ajustar.
3. Em algum momento nos próximos anos teremos dois novos fluxos de renda sob a forma de Previdência Social.
4. Mais importante: sei que estou bem abaixo do nível de 6% a 7% que requer atenção redobrada.
5. Daqui para a frente, meu palpite é que minha taxa de retirada cairá para menos de 4%.

Dentro desse intervalo de 3% a 7%, o essencial para escolher sua própria taxa tem menos a ver com os números que com sua flexibilidade pessoal. Se você puder ajustar com rapidez suas despesas, encontrar trabalho para complementar sua renda passiva e/ou tiver disponibilidade e capacidade de se mudar de maneira confortável para lugares mais baratos, terá uma aposentadoria muito mais segura, independentemente da taxa que escolher. E será mais feliz também, creio eu.

Se estiver preso a certas necessidades de renda, não quiser ou não puder voltar a trabalhar e tiver raízes profundas demais para se mudar, você precisará ser muito mais cuidadoso. Pessoalmente, eu trabalharia para ajustar essas atitudes. Mas é só a minha opinião.

Quatro por cento é apenas um guia. A flexibilidade sensata é o que proporciona segurança.

CAPÍTULO 29

Como retirar meus 4%?

Em algum momento – se seguir o caminho simples descrito neste livro –, você poderá pagar as contas com seus ativos, e não com seu trabalho.

A rapidez para chegar a esse estágio dependerá muito de sua capacidade de poupança e do fluxo de caixa de que você precisa. E se a retirada de seus ativos, aqueles 4% de que já falamos, puder cobrir todas as suas necessidades financeiras. Ou, em outras palavras, quando os ativos equivalerem a 25 vezes seu gasto anual.

Tendo deixado seu emprego, você terá transferido quaisquer planos de previdência de seu empregador, caso os tenha, para uma previdência privada, e os investimentos em si serão divididos entre ações e títulos mantidos na alocação que melhor corresponde ao seu perfil de risco. O ideal é que esses investimentos estejam nos fundos de índice de baixo custo da Vanguard: VTSAX para ações e VBTLX para títulos.

Esses dois fundos ficarão em cestas com benefícios fiscais e comuns (tributáveis). A essa altura, você terá apenas três: IRA, Roth IRA e tributável. Minha sugestão – que uso em minha carteira – é mantê-los da seguinte forma:

- VBTLX na conta IRA, porque é ineficiente do ponto de vista fiscal.
- VTSAX na Roth IRA, porque este é o último dinheiro que eu gastaria e que, é quase certo, ficará para meus herdeiros. Roths são um ativo atraente para deixar após a morte e, uma vez que é o meu dinheiro de mais longo prazo, as perspectivas de crescimento do VTSAX o tornam o investimento ideal aqui.
- VTSAX também entra na conta tributável porque, dos dois fundos, é o mais rentável em termos fiscais.
- Cotas VTSAX devem ser mantidas em nossas IRAs comuns, pois até elas podem se beneficiar das condições fiscais especiais.

Se for solteiro, você terá quatro contas de fundos – VBTLX em sua conta IRA e VTSAX em todos os três locais: Roth, IRA e tributável. Se você for casado, sua alocação pode se parecer com a que a minha família tem.

A seguir, mostro como ela é composta. Eu tenho:

- VTSAX na Roth e na minha conta IRA comum.
- Alocação de títulos em VBTLX na conta IRA comum.

Minha esposa tem:

- VTSAX na Roth e na IRA comum dela.

Em conjunto, temos:

- VTSAX em nossa conta tributável e um mínimo de dinheiro para necessidades em nossas contas-correntes e de poupança.

Então, juntos, temos duas contas Roth, duas IRAs e uma tributável. Entre elas, temos um investimento em VBTLX e cinco em VTSAX. Nossa alocação é 75/25, VTSAX/VBTLX.

É possível que, mesmo que tenha aderido ao caminho simples deste livro, você ainda possua outros investimentos. Se estiverem em suas contas com vantagens fiscais, é provável que você tenha transferido o dinheiro para a Vanguard sem incidência de impostos. Mas, se estiverem em contas tributáveis, a perspectiva de um pesado imposto sobre ganhos de capital talvez o tenha persuadido a mantê-los onde estão. Quando me aposentei, tínhamos alguns desses "entraves", principalmente sob a forma de ações individuais com as quais eu tinha o hábito de brincar.

Neste ponto, a discussão corre o risco de se tornar um pouco complexa. Existe uma variedade quase infinita de possibilidades para você sacar os 4% dos investimentos que usará. Assim, vamos começar com a mecânica de como esse processo funciona. Em seguida, vou compartilhar alguns princípios para orientá-lo e explicarei o que estamos fazendo e por quê. A partir desse momento, você deverá ter as ferramentas necessárias para formar suas próprias estratégias.

Mecânica

Se você mantém seus ativos com a Vanguard, ou qualquer empresa similar, a mecânica para sacar seu dinheiro é muito fácil. Com um telefonema ou alguns cliques on-line, você pode instruí-los a:

- Transferir uma quantia definida de qualquer um de seus investimentos com a periodicidade que preferir: semanal, mensal, trimestral ou anual.

- Transferir quaisquer distribuições de ganhos de capital e/ou dividendos e juros à medida que são pagos.
- Fazer login no site e transferir o dinheiro com alguns cliques a qualquer momento.
- Experimentar uma combinação das opções acima.

O dinheiro pode ser transferido para sua conta-corrente ou qualquer outro lugar à sua escolha. O processo é tão simples quanto possível e, se telefonar para qualquer outra firma, você obterá assistência amistosa e prestativa para passar por esse processo pela primeira vez.

Princípios

Aqui estão alguns dos princípios que orientam a abordagem que usamos.

Em primeiro lugar, observe que, ao construir a alocação de 75/25, olhamos para todos os nossos fundos *juntos*, independentemente de onde sejam mantidos.

Em segundo lugar, todos os dividendos, juros e distribuições de ganhos de capital em nossas *contas com vantagens fiscais* são reinvestidos. Ao contrário de muitos investidores, não sou adepto da ideia de "viver apenas de renda" (isto é, dividendos e juros). Em vez disso, procuro sacar mais ou menos os 4% que a pesquisa mostrou que uma carteira como a minha pode suportar.

Em terceiro lugar, as distribuições de dividendos e ganhos de capital do VTSAX em nossa *conta tributável* são enviadas para a conta-corrente. Como o pagamento delas é um evento tributável, não faz sentido reinvesti-las apenas para dar a volta e sacar a quantia equivalente pouco tempo depois.

Em quarto lugar, quero deixar meus investimentos com benefícios fiscais crescerem com imposto diferido pelo maior tempo possível.

Aplicando a regra dos 4%

1. Primeiro, vamos pensar na renda não relacionada a investimentos que ainda temos. Mesmo depois de se "aposentar", se estiver ativo, você pode estar engajado em atividades que criem algum fluxo de caixa. Você não está mais no modo economia, e o dinheiro ganho será o primeiro a ser gasto. Assim, ele permite que você retire menos dos investimentos e dá mais tempo a eles para crescer.
2. Lembra-se daqueles "entraves" que eu ainda tinha nas contas tributáveis? Após a aposentadoria, foram os primeiros ativos que esgotei. Comecei com os piores. Embora você possa optar por seguir ou não o restante do plano, se tiver esses remanescentes em sua própria carteira, sugiro que se desfaça deles assim que possível. Faça esse movimento devagar, para minimizar os impostos sobre ganhos de capital. É claro que, se tiver uma perda de capital em qualquer um deles, você pode se livrar deles imediatamente. Você também pode vender algumas de suas ações com bom desempenho usando essa perda para compensar os ganhos. É possível usar até 3 mil dólares por ano dessas perdas para compensar a renda auferida. Você pode usar em anos futuros qualquer perda fiscal que não consiga utilizar com rapidez.
3. Depois de esgotarmos os "entraves", passamos a recorrer à conta VTSAX tributável. Continuaremos a recorrer a ela até chegarmos aos 70 anos e meio e àquelas incômodas distribuições mínimas exigidas.

4. Como a conta VTSAX tributável é apenas uma parte do total, os montantes que retiramos a cada ano excedem em muito 4% da quantia nela contida. O importante é olhar para as retiradas não em termos da porcentagem que elas representam nessa conta, e sim no contexto de toda a carteira.
5. Poderíamos estabelecer transferências regulares da conta VTSAX tributável conforme descrito anteriormente, mas não tomamos essa atitude. Em vez disso, minha esposa (que lida com as nossas finanças do dia a dia) acessa o site da Vanguard e transfere o que precisa sempre que percebe que o saldo da conta-corrente está baixando.
6. Essa abordagem de retirada pode parecer um pouco aleatória, e até acho que é mesmo. Mas, como expliquei no capítulo anterior, não sentimos necessidade de seguir com obsessão a regra dos 4%.
7. Em vez disso, mantemos uma planilha simples e registramos as despesas por categoria à medida que gastamos. Isso nos permite ver aonde o dinheiro está indo e pensar o que podemos cortar caso o mercado sofra uma baixa e a necessidade surja.
8. Todos os anos, calculo a renda que temos e transfiro – para permanecer na faixa de imposto de 15% – tanto quanto possível de nossas contas IRA comuns para as Roth. Faço isso para me preparar para as RMDs que virão quando completarmos 70 anos e meio. Quando a hora chegar, quero que os saldos das IRAs comuns estejam tão baixos quanto possível.
9. Quando atingirmos 70 anos e meio, vamos parar de fazer retiradas da conta tributável para que volte a crescer. Começaremos a viver das RMDs que precisarão ser sacadas de nossas IRAs sob a ameaça de uma multa de 50%.
10. Embora eu tenha quase certeza de que o dinheiro em nossa conta tributável vai durar até chegarmos a 70 anos e meio,

caso ele acabe começaremos a fazer saques de nossas IRAs antes das RMDs. Na prática, esse seria o dinheiro que eu estava transferindo para as contas Roth. E, de novo, eu me esforçaria para manter as retiradas em um nível que nos permitiria permanecer na faixa de imposto de 15%.

11. Apesar de meus esforços para reduzir os valores nas contas IRA comuns, as RMDs – quando nós dois formos forçados a retirá-los – excederão as necessidades de gastos. Neste ponto, vamos reinvestir o excesso em VTSAX na conta tributável.

Você não precisa seguir esse modelo com exatidão, embora possa fazer isso. Tem a liberdade de adaptar o que funciona melhor para o seu estilo e temperamento.

Se quiser gastar apenas o que seus investimentos rendem, você pode instruir sua firma de investimentos a:

- Transferir todos os seus dividendos, juros e distribuições de ganho de capital para sua conta-corrente à medida que forem pagos.
- Entrar no site e transferir um pouco mais de dinheiro ao instruir que algumas ações sejam vendidas, já que a soma de todos os dividendos, juros e distribuições de ganho de capital será menor que aqueles 4%.
- Solicitar que os dividendos, juros e ganhos de capital sejam transferidos à medida que forem pagos e agendar transferências regulares de sua conta tributável para elevar o total para 4%.

Se você tivesse, por exemplo, 1 milhão de dólares em seu portfólio, com alocação 75/25 em ações/títulos, o cenário poderia ser este:

- A 4%, suas retiradas equivalem a 40 mil dólares.
- Os 750 mil dólares em VTSAX geram dividendos de aproximadamente 2%, ou 15 mil dólares.
- Os 250 mil dólares em VBTLX geram por volta de 3% em juros, ou 7.500 dólares.
- Isso totaliza 22.500 dólares. Se essa quantia for suficiente, você não precisa fazer nenhum outro movimento.
- Se quiser os 40 mil dólares completos, você obteria os 17.500 restantes vendendo ações da conta tributável. A cada mês, isso corresponderia a cerca de 1.500 dólares.

Esse processo parece ser muito complicado para neófitos, e o apresento aqui apenas para ilustrar uma abordagem para quem está focado em viver daquilo que os investimentos rendem.

O QUE EU *NÃO* FARIA

Eu *não* estabeleceria um plano de retirada anual de 4% e esqueceria o assunto.

O estudo da Universidade Trinity se propôs a determinar qual porção de uma carteira poderia ser gasta ao longo de décadas de forma que ainda sobrevivesse. Com ajustes anuais acompanhando a inflação, viu-se que saques de 4% tinham uma taxa de sucesso de 96%. Isso se tornou a *Regra dos 4%*, projetada para sobreviver à maioria das quedas no preço das ações, para que você não precise se preocupar com as flutuações do mercado depois que se aposentar.

Foi um ótimo estudo acadêmico e é animador que, com exceção de dois casos, as carteiras tenham sobrevivido bem por trinta anos. Na maioria das vezes, cresceram muito, mesmo com as retiradas.

Deixando de lado o fato de que, em alguns dos cenários, você ficaria sem um tostão, essa abordagem produziu enormes fortunas. Supondo que você não queira ficar sem um tostão nem perder a recompensa extra que seus ativos criarão, sugiro que preste atenção à medida que os anos forem passando.

É por isso que acho loucura estabelecer um cronograma de saques de 4% e deixar que ele se desenrole independentemente do que ocorra no mundo real. Se os mercados sofrerem quedas e cortarem minha carteira pela metade, pode apostar que ajustarei meus gastos. Se eu estivesse trabalhando e meu salário fosse reduzido em 50%, faria o mesmo, é claro. Você também deve pensar nisso.

Seguindo a mesma lógica, nos bons momentos eu poderia optar por gastar um pouco mais que 4%, sabendo que o mercado está em alta e minha carteira está voando.

De qualquer forma, reavalio uma vez por ano a eficiência do mercado financeiro. O momento ideal é quando estamos ajustando a alocação de ativos para permanecer no caminho certo. Para nós, é o dia do aniversário da minha esposa, ou sempre que o mercado tem um movimento acima de 20%, para cima ou para baixo.

A verdadeira segurança financeira – e o aproveitamento de todo o potencial de sua riqueza – só pode ser encontrada com essa flexibilidade. Conforme os ventos mudam, minhas retiradas também são afetadas. Sugiro que você faça o mesmo.

CAPÍTULO 30

Previdência social: quão segura ela é e quando usá-la

No início dos anos 1980, lembro-me de protestar contra a Previdência Social para a minha mãe, que vivia dela. Ela havia crescido com o fantasma de senhorinhas que, por falta de dinheiro, se alimentavam de ração de gato. Essa era uma possibilidade real em sua infância, época em que os idosos eram o grupo mais pobre nos Estados Unidos. Expliquei à minha mãe que, se eu e minhas duas irmãs não contribuíssemos para a Previdência, poderíamos lhe dar mais que o valor que ela recebia todos os meses do governo e também teríamos dinheiro excedente para criar nossas próprias reservas. Ela não acreditou.

Nunca imaginei a Previdência como uma rede de segurança para mim. Todo o meu planejamento financeiro desconsiderou a Previdência, acreditando que eu não poderia contar com ela. Se ainda existisse na minha velhice, isso seria uma agradável surpresa. Surpresa! Estou a poucos anos de recebê-la – uma quantia bem alta, aliás. Considerando o que pagamos e presumindo que fiquemos vivos tempo o bastante, é um ótimo negócio. Eu não tinha contado com o poder da Associação

Americana de Pessoas Aposentadas (AARP), o lobby mais formidável da história.

A Previdência Social nasceu em 1935, nas profundezas da Grande Depressão. Aqueles tempos difíceis devastaram quase todo mundo, mas talvez o grupo que mais sofreu tenha sido os idosos já incapazes de trabalhar, mesmo no caso improvável de encontrarem trabalho. Muitos viviam de comida de gato, se é que conseguiam essa ração.

Naquela época, a expectativa era menor. Entender isso pode ser complicado, porque o maior fator redutor da expectativa de vida média são as mortes na infância. No entanto, se olharmos para a expectativa dos indivíduos que sobreviveram até os vinte anos, teremos um número mais útil. Em 1935, para os homens, a média era em torno de 65 anos; para as mulheres, de 68. Desde então, a expectativa de vida nos Estados Unidos continuou a aumentar. Em 2013, de acordo com a Organização Mundial da Saúde, ela era de 77 anos para homens e 82 para mulheres.

Partindo desses números, é fácil ver que definir 65 anos como a idade para recolher a Previdência Social foi uma ótima aposta para o sistema. Todos os trabalhadores pagariam, mas poucos viveriam o suficiente para receber. Além disso, aqueles que o fizessem coletariam o dinheiro por poucos anos. Essa estratégia funcionou tão bem (com pequenos ajustes ao longo do caminho) que apenas por volta de 2011 o dinheiro que entrava deixou de superar o dinheiro que estava sendo pago. Tão bem que o superávit total atingiu 2,7 trilhões de dólares naquele ano. O dado mais recente aponta um superávit de 2,9 trilhões em 2021.

No entanto, o jogo virou. A populosa geração *baby boom*, que vinha pagando esses excedentes, começou a se aposentar. E está vivendo por muito mais tempo. Daqui para a frente, se nada mudar, o sistema pagará mais do que recebe. Será mais ou menos assim:

- 1935-2011: Os superávits anuais se acumulam e acabam totalizando cerca de 2,7 trilhões de dólares.
- 2012-2021: Os descontos anuais sobre a folha de pagamento se mostram aquém dos pagamentos atuais. Mas os juros de 3% sobre os atuais 2,9 trilhões de dólares cobrirão grande parte da lacuna.
- 2021-2033: Os pagamentos de juros deixarão de ser o bastante para compensar a diferença e começaremos a usar os 2,9 trilhões de dólares.
- 2033: Os 2,9 trilhões de dólares terão desaparecido.
- Após 2033: Os descontos sobre a folha de pagamento só serão suficientes para cobrir 75% dos benefícios programados para serem pagos.

Onde está essa fortuna?

Muitos se referem ao superávit de 2,9 trilhões de dólares como o Fundo Fiduciário, que é mantido em títulos do Tesouro dos Estados Unidos. Em 2012, ele correspondia a 16% de 16 trilhões de dólares da dívida norte-americana. Essa dívida havia crescido para 30 trilhões dez anos depois. Em um sentido real, devemos esse valor a nós mesmos. Cerca de 20% (6 trilhões de dólares) de nossa dívida de mais de 30 trilhões são devidos à Previdência Social, ao Medicare e ao saldo dos Programas de Aposentadoria Militar e do Serviço Público. Devemos apenas 1,3 trilhão de dólares, ou 4,3%, ao Japão, nosso principal credor estrangeiro, e mais ou menos a mesma quantia à China.

Esse dinheiro existe de verdade?

É provável que você já tenha ouvido o rumor horripilante de que esse Fundo Fiduciário não existe. Que o governo já gastou o dinheiro. Sim e não.

Não existe um "cofre" em algum lugar recheado de notas de 100 mil dólares – elas foram impressas em 1934 e costumam ser chamadas de Certificados de Ouro. Havia o retrato de Woodrow Wilson nelas. Eram usadas apenas pelo governo em transações oficiais entre bancos do Sistema de Reserva Federal e nunca estiveram disponíveis ao público.

O Fundo Fiduciário está em uma porção de títulos do Tesouro dos Estados Unidos.

Para responder se "o dinheiro existe mesmo?", você precisa entender um pouco sobre o que são esses títulos e como funcionam.

Sempre que qualquer entidade vende um título, ela o faz para levantar dinheiro que pretende gastar. O título e seus juros são pagos então com receitas futuras. Os Títulos do Tesouro dos Estados Unidos – que o Fundo Fiduciário tem – são considerados os investimentos mais seguros do mundo. Certificados, como diz o ditado, pela "plena fé e crédito do governo dos Estados Unidos". Nós, os contribuintes americanos, somos os maiores credores desses 2,9 trilhões.

Portanto, os Títulos do Tesouro dos Estados Unidos que o Fundo Fiduciário tem são verdadeiros e com valor real, assim como os Títulos do Tesouro dos Estados Unidos que chineses, japoneses, diversos fundos dos mercados monetário e de títulos e inúmeros outros investidores individuais detêm.

Ainda assim eu me sentiria melhor se não tivessem gastado minha contribuição e se houvesse dinheiro vivo em um cofre do qual eu pudesse sacar.

Mas o dinheiro vivo é uma péssima forma de manter ativos a longo prazo. Pouco a pouco, a inflação corrói o poder de compra. É importante entender que, sempre que você investir dinheiro, ele será gasto. Se você tem uma conta-poupança no banco, seu dinheiro não está guardado em um cofre. O banco o emprestou e está ganhando juros sobre ele. O saldo não está disponível instantaneamente.

Se esse risco for inaceitável para você, a alternativa é pôr o dinheiro no colchão ou no seu cofre pessoal. Se o governo tivesse feito isso, o Fundo Fiduciário estaria agora transbordando de notas de dólares. Ou seja, pedaços de papel-moeda garantidos – adivinha? – pela "plena fé e crédito do governo dos Estados Unidos".

Pelo menos os Títulos do Tesouro pagam juros.

Quando devo começar a receber o dinheiro?

Ao completar 62 anos, o trabalhador que contribui nos Estados Unidos pode começar a receber a Previdência Social. O problema é que, quanto mais cedo começar, menores serão os depósitos mensais, e quanto mais tempo prorrogar (até os 70 anos), maior será o valor que receberá, o que é uma realidade também no Brasil. Mas, é claro, quanto mais você protelar, menos tempo de vida haverá para usufruir desse dinheiro.

Há inúmeros artigos sobre estratégias que tentam responder à pergunta sobre quando começar a receber o benefício. Já foram descritos todos os tipos de táticas extravagantes, às vezes complexas. Li vários deles e, no fim das contas, minha visão é bem simples: como as tabelas atuariais do governo são a melhor informação que temos, os pagamentos são bastante adequados às probabilidades. Aqui está o que, em ordem, você deve se perguntar:

1. Para quando preciso do dinheiro? Se você tem necessidade dele agora, nada mais importa. No entanto, a cada mês que você atrasa, o depósito mensal é maior.
2. Você acha que a Previdência Social vai entrar em colapso e parar de pagar os benefícios? Se acredita que sim, o ideal é que comece a receber enquanto ela ainda está pagando. De minha parte, acho que você está errado e vou explicar o porquê mais adiante.
3. Por quanto tempo você vai viver? Quanto mais você vive, mais vantajoso é o adiamento para começar a receber. O ponto de equilíbrio para quem começa a sacar o benefício nos Estados Unidos entre 62 e 66 anos é por volta dos 84 anos. Ou seja, se viver mais de 84 anos, você receberá mais no total se adiar o começo do recebimento até depois dos 66 anos. Se você acha que vai morrer antes dos 84, talvez o ideal seja receber o dinheiro mais cedo. A menos que...
4. Você seja casado e sua renda seja maior que a de seu cônjuge. Nesse caso, é bom considerar quanto tempo ele viverá. Se for mais provável que ele viva mais que você, quando você morrer ele poderá começar a receber o seu benefício, superior ao dele.

No momento, tanto minha esposa como eu estamos bem de saúde. Mas, observando os históricos familiares e o fato de que as mulheres em geral vivem mais que os homens, meu palpite é que ela sobreviverá a mim. Acho que devo viver até 80, 85 anos. Se eu fosse sozinho, começaria a receber a previdência o mais rápido possível. Mas minha esposa pode chegar aos 95. Quando eu morrer, ela terá a opção de trocar o benefício dela pelo meu. Como o meu será maior, é isso o que fará. Para maximizar os pagamentos mensais para ela, vou atrasar o recebimento do meu benefício até os 70 anos. Ela começará a receber o dela aos 66.

Outro fator que vale levar em consideração: à medida que atingimos uma idade avançada, nossa acuidade mental diminui. Gerenciar os investimentos se torna mais difícil. Ficamos mais dependentes dos outros. Nesse ponto, um confiável depósito mensal do governo tem mais valor que os dólares nominais.

É óbvio que não temos como saber o que o futuro de fato nos reserva. O melhor que podemos fazer é jogar com as probabilidades.

Mas a Previdência Social está com os dias contados. Vou começar a receber a aposentadoria o mais rápido possível.

Há quem opte por receber os benefícios no momento em que completa 62 anos, embora o valor seja reduzido. Algumas pessoas precisam do dinheiro naquele momento e não têm escolha. Mas outras agem por medo. Acreditam que a Previdência Social entrará em colapso antes do fim de suas vidas e querem tomar posse de todo o valor possível enquanto podem. Eu não estou preocupado. Se tem 55 anos ou mais, você receberá cada centavo. Eis o porquê:

1. A Previdência Social é apoiada pelo lobby mais poderoso da história: a AARP (Associação Americana de Pessoas Aposentadas).
2. Idosos representam uma parcela cada vez maior da população.
3. Idosos votam.

4. Políticos raramente tentam tirar algo de uma grande parte do eleitorado.
5. Todas as soluções possíveis sugeridas até agora afetam apenas aqueles com 55 anos ou menos.

Tenho menos de 55 anos, o que devo fazer?

Para quem tem 55 anos ou mais, a Previdência Social acabou sendo um ótimo negócio. Mas é provável que minha geração seja a última a desfrutar de benefícios tão elevados. O sistema está com problemas e deverá passar por mudanças. Para aqueles com menos de 55 anos hoje, o negócio será muito menos agradável. O que você pode esperar:

1. A obtenção de 100% de todos os benefícios prometidos, mas as promessas serão menores.
2. O custo para você será maior. Os limites de renda (a parcela de seus rendimentos sujeita a impostos da Previdência Social) continuarão a aumentar. Em 2003, o limite era de 87 mil dólares ao ano. Em 2013, foi de 113.700 dólares. Essa é uma tendência que vai continuar.
3. A "idade para a aposentadoria completa" seguirá aumentando. Já foi de 65 anos. Para mim, é 66. Para qualquer pessoa nascida após 1960, é 67. Essas idades continuarão subindo.
4. Os benefícios podem passar a se basear na sua necessidade, e não naquilo que você pagou.
5. O Congresso continuará a mexer e, no final, a Previdência Social continuará lá.

Então, a Previdência Social é um bom negócio?

Depende. Para as pessoas fiscalmente responsáveis, é provável que não. Se pegasse aqueles 7,65% de sua renda com os quais é obrigado a contribuir, junto com os 7,65% com que seu empregador precisa complementar (a partir de 2015), e investisse ao longo das décadas usando as estratégias apresentadas aqui, você estaria muito, muito à frente. Além disso, seu dinheiro estaria em suas mãos, e não sujeito aos caprichos do governo. Mas somos uma minoria.

Sou realista o suficiente para saber que a maioria das pessoas não sabe lidar com dinheiro. Sem a Previdência Social, muitas delas voltariam a comer ração de gato. O restante de nós teria que ler sobre essa triste situação, e algo muito mais draconiano que a Previdência Social poderia ser implementado para remediar o cenário. Então, sim, para a maioria das pessoas será um bom negócio. E talvez para sociedade como um todo. Mas não para você. Nem para mim.

Minha recomendação

Planeje seu futuro financeiro presumindo que a Previdência Social *não* estará a sua disposição. Viva com menos do que ganha, invista o excedente, evite se endividar e junte o dinheiro do f***-se. Seja independente, financeiramente e em todas as outras áreas da sua vida. Quando e se receber a Previdência Social, aproveite.

CAPÍTULO 31

Como doar feito um bilionário

Eu sei o que você está pensando: o que Jim e a sra. Collins têm em comum com Bill e Melinda Gates? É isto:

Nós temos fundações filantrópicas.

Agora você está pensando: "Eu sabia! O Jim é bilionário!" Sinto dizer, mas você está enganado. Sou mais monge que ministro. Ao contrário dos Gates, não temos nem mesmo um prédio chique para hospedar nossa fundação.

Conversamos muito sobre investir e juntar o dinheiro do f***- -se, mas quase não falamos sobre como gastá-lo. Uma vez que minha esposa e eu não ligamos muito para posses, não tenho muito a dizer. Gostamos de viajar e, portanto, gastamos com isso. Pagar a faculdade de nossa filha foi um bom investimento, pois ela aproveitou muito esses anos de estudos.

Mas o dinheiro gasto que nos ofereceu o prazer pessoal mais puro foi aquele que tivemos o privilégio de doar.

E posso identificar em específico os 1.200 dólares que nos deram o retorno mais satisfatório de todos. Fico em dúvida quanto a contar essa história, porque será fácil você achar que estou me gabando, quando quero apenas ilustrar um ponto. Espero que você a leia com esses olhos.

Há muitos anos, participamos de um leilão beneficente realizado pela escola primária católica em que nossa filha estudava. Desde sempre, ficávamos impressionados com os professores e a madre superiora que dirigia o lugar.

Um de nossos restaurantes favoritos se chamava Parker's, batizado com o sobrenome do chef proprietário. Nessa ocasião, Parker havia doado para o leilão um jantar especial para dez pessoas. No calor do momento, decidimos arrematá-lo para dar de presente aos professores da escola.

Os lances foram animados, mas, à medida que os valores chegavam ao custo real de um jantar para dez no Parker's, a concorrência diminuiu. Com 1.200 dólares, fomos os vencedores.

Quando presenteei a madre superiora com o prêmio, dei-lhe também duas obrigações. Primeiro, ela teria que escolher quais seriam os dez (de um grupo de quinze) professores que iriam ao jantar. Em segundo lugar, ela mesma precisaria estar presente no dia. Por que fizemos essas propostas? Porque conhecíamos a madre e precisávamos conter suas tendências altruístas.

Quando a notícia se espalhou, algumas coisas muito interessantes aconteceram. O próprio Parker tomou a iniciativa de aumentar a doação para um jantar para quinze, de modo que todo mundo pudesse ir. Um de nossos concorrentes no leilão se ofereceu para pagar os vinhos.

Você sabe o que acontece quando misturamos boa comida, vinho e professores de escolas católicas. Digamos apenas que todos se divertiram...

Além do prazer pessoal, um dos benefícios de fazer doações para caridade é a dedução fiscal. É claro que, para ganhar esse benefício, você precisa detalhar as deduções em sua declaração de imposto de renda. Por exemplo, se for casado e declarar o imposto em conjunto, você poderia ter uma dedução padrão de 12.600 dólares (em 2015). Se tiver menos que esse valor em deduções detalhadas, é melhor usar a dedução padrão e se poupar do esforço. No Brasil, a Receita Federal permite o abatimento de até 6% do imposto devido ou a restituir, que deve ser distribuído em pelo menos 3% para cada uma das cinco categorias possíveis: fundos vinculados ao Estatuto da Criança e do Adolescente, ao Estatuto do Idoso, ao Programa Nacional de Apoio à Cultura, a projetos de incentivo ao esporte e a projetos voltados para o audiovisual. Para isso, é preciso fazer a declaração na versão completa. É possível até mesmo doar na hora da declaração, caso você não tenha feito isso ao longo do ano fiscal, mas nesse caso não é possível escolher o fundo ou a entidade.

Há alguns anos, ocorreu-me que estavam por vir duas mudanças de vida que afetariam minha situação tributária pessoal. Planejávamos vender nossa casa e eu estava me programando para me aposentar. Sem a casa e os custos dedutíveis associados a ela, não usaríamos mais a opção das deduções detalhadas. Ao me aposentar, eu iria para uma faixa mais baixa do imposto de renda. Esses dois fatores reduziriam a vantagem fiscal de fazer doações para caridade. A solução foi:

O Fundo de Caridade JJ Collins

Você já sabe que sou um grande fã da Vanguard. Então não deve se surpreender ao saber que, para criar nossa fundação, usamos o Programa de Doação de Caridade da Vanguard. Eis os motivos:

- Você não precisa ser um bilionário. Pode abrir sua própria fundação com um mínimo de 25 mil dólares. Prédio chique não está incluído nesse valor.
- Você obtém a dedução fiscal no ano em que cria a fundação.

Então, pude obter os benefícios fiscais quando eles mais importavam para mim.

- Você pode transferir ações, fundos mútuos ou outros ativos que tiverem se valorizado para a sua fundação de caridade. Você recebe a dedução fiscal pelo valor total de mercado e não precisa pagar impostos sobre os ganhos de capital. Um benefício tributário duplo e mais dinheiro para doar para a caridade.
- Você pode transferir o saldo de uma conta com vantagem fiscal – total ou parcialmente – para a sua fundação de caridade, sem pagar impostos, caso se depare com as RMDs.
- Você pode escolher diversas opções de investimento para que sua doação cresça livre de impostos enquanto espera para alocá-la.
- Você decide quais instituições de caridade recebem seu dinheiro, a quantia que quer doar e quando fará isso. É possível estabelecer a doação para que ocorra de forma automática.
- Você pode acrescentar mais dinheiro à sua fundação sempre que quiser. (Se o saldo ficar abaixo de 15 mil dólares, será cobrada uma taxa anual de 250 dólares para a manutenção da conta.)
- Você precisa saber que a fundação tem despesas baixíssimas por ser gerida pela Vanguard.

Agora posso dizer a angariadores indesejados: "Só fazemos doações por meio da nossa fundação. Por favor, mande-nos a sua proposta por escrito." Recebemos zero proposta. Essa tática mantém nossos nomes fora das listas que algumas instituições de caridade vendem a outros angariadores de fundos.[36]

---

[36] Fundações no Brasil também são elegíveis para pleitear isenções e imunidades tributárias, em um processo burocrático e que exige o cumprimento de diversas obrigações, entre elas a capacitação e a obtenção de certificações públicas. (N. do E.)

Além das vantagens fiscais que oferece, ter uma fundação ressoa com algumas das minhas conclusões pessoais sobre filantropia:

- Uma boa alternativa é concentrar as doações. Escolhemos apenas duas instituições de caridade.
- Pequenas doações para muitas instituições podem ser satisfatórias para você, mas diluem o impacto, e uma porcentagem maior de sua doação acaba sendo abocanhada no processamento dela.
- Muitas doações pequenas fazem com que você figure em muitas listas de correspondência.
- Nunca dê dinheiro a pessoas que pedem doações por telefone.
- Quanto mais propagandas de uma instituição de caridade eu vejo, menor a probabilidade de acreditar que ela está concentrada em entregar meu dinheiro àqueles que alega servir.
- Você precisa pesquisar. Além das fraudes, muitas instituições não são muito eficientes em entregar a sua contribuição a quem realmente necessita dela.
- Vários sites corroboram instituições de caridade. Este foi o que usei: www.charitynavigator.org. Há algumas instituições no Brasil que fazem isso também.

Você não precisa ter uma instituição de caridade para ajudar

Pode valer a pena, e faz muito bem, doar fora do circuito tradicional – desde que permita deduções no imposto de renda. Ajudar amigos e vizinhos diretamente não é dedutível, mas tem diversos benefícios imediatos. É algo que vou tentar fazer mais nos próximos anos, mesmo porque não estou detalhando minhas deduções agora.

Por fim, doar é um ato bom e agradável, mas ninguém tem a obrigação de fazê-lo. Quem lhe disser o contrário está tentando vender algo para você – talvez a ideia de doar para ele e/ou para seus projetos de estimação.

Como indivíduos, temos apenas uma obrigação para com a sociedade: garantir que nós, e nossos filhos, não sejamos um fardo para os outros. O restante são escolhas pessoais. Faça as suas e torne o mundo um lugar muito mais interessante.

Posfácio

*"Tudo o que você quer está
do outro lado do medo."*
– JACK CANFIELD

O caminho para a minha filha: os primeiros dez anos

Minha filha se formou na faculdade há pouco tempo. Este é o início da vida financeira que sugiro a ela. Mas você não precisa ter acabado de se formar ou estar na casa dos 20 anos para implementar este plano. Caso seja mais velho e esteja buscando uma mudança rumo à riqueza, pense nestes tópicos como um planejamento de dez anos.

- Evite dívidas. Não existe nenhum bem pelo qual valha a pena pagar juros.
- Evite pessoas fiscalmente irresponsáveis e de modo algum se case com uma.
- Passe a próxima década trabalhando duro para construir sua carreira e sua reputação profissional.
- Pense em sua carreira no sentido mais amplo. As possibilidades são infinitas. Com isso, não quero sugerir que você deva viver no escritório.
- Já que a faculdade lhe ensinou a viver com pouco dinheiro, use essa habilidade para ir atrás de novas aventuras.

- Não se torne refém de um estilo de vida mais caro ou reveja seu histórico financeiro se esse já for o caso.
- Economize e invista pelo menos 50% de sua renda. Aplique esse valor em VTSAX ou em uma das demais opções que já discutimos.
- Invista em qualquer plano de previdência com vantagem fiscal que seu empregador lhe oferecer.
- Abasteça seus planos de previdência com perspicácia, aproveitando os que têm benefícios fiscais até o limite da sua renda e o restante em outros produtos com outras vantagens tributárias.
- Faça isso pelos próximos dez anos ou mais e você já terá percorrido uma boa parte do caminho para a independência financeira.
- Economize mais de 50% e você chegará lá antes desse período. Se economizar menos, vai demorar um pouco mais.
- Celebre as quedas do mercado durante a fase de acumulação. Nesse estágio, elas são dádivas. Cada dólar que você investir vai comprar mais ações.
- Não caia na besteira de achar que você (ou qualquer outra pessoa) pode prever as quedas do mercado.
- Atinja o ápice de sua carreira quando estiver na casa dos 30 anos (ou dez a 15 anos após começar a investir), e você se aproximará da independência financeira.
- Considere-se independente financeiramente quando 4% de seus ativos cobrirem suas despesas. Em outras palavras, independência financeira = 25 vezes suas despesas anuais.

Ou seja, se você gasta 20 mil dólares por ano, alcançará a independência financeira quando tiver 500 mil dólares investidos. Se, como era o caso do nosso amigo Mike Tyson, você gastar 400 mil dólares por mês (4,8 milhões por ano), precisará de 120 milhões de dólares.

- Como você pode ver, ter independência financeira depende tanto de controlar suas necessidades quanto de construir seu patrimônio.
- Quando for independente financeiramente, comece a viver de seus investimentos.
- No momento em que isso acontecer, você poderá decidir se ainda está se divertindo e quer continuar sua carreira ou se prefere tentar algo novo.
- Se continuar trabalhando, invista 100% de seus ganhos. Você está vivendo de seus investimentos agora. Isso vai acelerar o crescimento de seus ativos.
- Você não precisa seguir os três últimos pontos ao pé da letra. É só um modo de pensar sobre seus ativos e sua renda. É provável que, ao executar esse conceito, você prefira gastar seu salário, mantendo os investimentos intactos e adicionando ainda mais capital a eles.
- O crescimento de seus ativos acelerará o aumento do valor representado pelos 4% que você pode gastar.
- Enquanto você estiver trabalhando, o VTSAX atenderá a todas as suas necessidades de investimento. O dinheiro que você acrescentar ao longo do tempo tornará sua jornada mais tranquila.
- Assim que decidir que não quer mais trabalhar, diversifique os ativos em títulos. Quanto mais títulos você acrescentar à sua carteira, mais tranquila será a jornada, mas menor será o crescimento.

Quando tiver alcançado a independência financeira e for capaz de viver com 4% de seus investimentos, será a hora de:

- Abrir novas possibilidades em seu estilo de vida. Certifique--se de manter seu nível de gastos em 4% de suas participações.

- Pensar em doar feito um bilionário.
- Ter filhos, se isso estiver em seus planos. Você ainda é jovem e tem segurança e independência financeiras, de modo que pode organizar os negócios para dedicar a seus filhos o tempo que eles merecem.
- Pensar em comprar uma casa, se tiver esse desejo. Mas não tenha pressa. Imóveis não são investimentos, são indulgências caras. Compre-os quando puder pagá-los com facilidade e se eles oferecerem a mudança de estilo de vida que você quer.

Você é jovem, inteligente, saudável e forte. Quando estiver na casa dos 30 anos, terá o dinheiro do f***-se, e chegar lá deve ser divertido. Depois de conquistado, ele continuará a aumentar, assim como suas opções pessoais. Seu futuro é tão brilhante que meus olhos chegam a doer ao vislumbrá-lo.

Foi isso que eu disse e continuarei dizendo à minha filha.

Então, se você estiver na faculdade, ou tiver se formado há alguns anos, deixo aqui as sugestões de seu bom e velho tio Jim para o seu futuro. Essas ideias estão relacionadas com expandir as oportunidades de vida.

Se você já for um pouco mais velho, não se desespere. Nunca é tarde demais. Levei décadas para descobrir o que valia a pena para mim. Assim como a minha, a sua jornada teve mais solavancos do que a de quem segue o caminho simples para a riqueza desde o início. Mas os obstáculos ficaram no passado. O que importa é o futuro, e ele começa, para todos nós, agora mesmo.

Histórias do Pacífico Sul

Há muitos anos, eu estava passando por um dia bem complicado no trabalho. No final da tarde, liguei para minha futura esposa e disse:
— Estou farto de ter que passar por isso dia após dia. Não aguento mais. Vamos largar nossos empregos e fugir para o Taiti.
— Não sei bem se, na época, eu sabia onde fica o Taiti.
— Parece uma boa ideia — respondeu ela. — Posso conseguir um desconto na passagem aérea.

Duas semanas depois, uma linda garota taitiana estava pendurando um cordão de flores de boas-vindas no meu pescoço e eu estava aprendendo que precisava tomar cuidado com o que sugeria à mulher que havia pedido em casamento.

Muk

O Taiti é um arquipélago no Pacífico Sul, com uma ilha mais esplêndida que a outra. A gente se hospedou em uma cabana construída sobre a água cristalina.

Certa manhã, enquanto tomávamos um café na lanchonete ao ar livre, um sujeito atlético e esbelto veio até a nossa mesa. Estava descalço e sem camisa. Ele se apresentou como Muk, um dos proprietários do hotel. Pelo sotaque, deu para identificar na hora que vinha dos Estados Unidos.

Ficamos curiosos para saber mais daquele sujeito e, é claro, o convidamos para se juntar a nós. Muk tinha um ótimo papo e era um exímio contador de histórias. Mas o que eu queria saber mesmo dele era:

– Como um sujeito norte-americano acaba sendo proprietário de um hotel no Taiti?

Muk e dois amigos haviam se formado na universidade no estado do Michigan no início dos anos 1960. De lá eles se mudaram para a Califórnia. Tentando encontrar algo para fazer, um deles notou nos classificados um pequeno anúncio de venda de uma plantação de abacaxi no Taiti. Era muito barato. Lembre-se, o Taiti ainda não tinha se tornado um destino turístico famoso.

Eles compraram a plantação sem nunca a terem visto e começaram a fazer as malas.

– Você sabia alguma coisa sobre o cultivo de abacaxi? – perguntei.

– Nada – respondeu Muk.

– Você cresceu em uma fazenda?

– Não. Éramos todos garotos da cidade.

– Mas você deve ter trabalhado em uma fazenda enquanto fazia faculdade, certo?

– Nunca tinha posto os pés em uma.

Eles chegaram ao Taiti e foram trabalhar na plantação de abacaxi. Após alguns meses, estava claro por que havia sido tão barato: é impossível se sustentar plantando abacaxis no Taiti. Já sem dinheiro, e a cada dia mais pobres, presos naquele paraíso, eles começaram a pensar em alternativas. Nesse momento de incerteza, o banco local em Papeete os convidou para uma reunião.

Parecia que, ao pé da montanha onde ficava a plantação, havia um hotel semiconstruído. A construtora havia falido e desistido do empreendimento. Estariam Muk e seus amigos, perguntou o banco, dispostos a terminar a obra e colocar o hotel para funcionar? Os termos seriam generosos, é claro.

– Vocês tinham alguma experiência com construção? – perguntei.

– Nenhuma.

– Mas já haviam administrado um hotel antes, certo?

– Não.

– Trabalhado em um?

– Nunca. Mas já tínhamos nos hospedado em alguns.

– Por que diabos, e quero dizer isso da maneira mais agradável possível, um banco presentearia vocês com um hotel inacabado e empréstimos para a construção? – continuei questionando.

– Eles estavam contra a parede e nós éramos norte-americanos. Com a reputação de conseguir realizar tudo o que quiséssemos.

Muk e seus amigos fizeram jus a essa reputação. Apesar da falta de experiência, eles terminaram a construção do hotel e passaram a operá-lo de maneira lucrativa. Então, começaram a construir e operar outros hotéis, entre eles aquele em que estávamos hospedados.

Quando nos conhecemos, Muk estava rico, descalço, sem camisa. E ficando mais rico a cada dia que passava. O melhor de tudo: morando em um paraíso.

A propósito, ao escrever esta história, comecei a me perguntar o que estaria fazendo Muk e pesquisei o nome dele no Google. Ele tem mais de 80 anos e está muito bem, obrigado. Alguns detalhes de sua história podem ser diferentes do que eu me lembro e apresentei aqui, mas não fomos os únicos a quem ele causou uma boa impressão.

Muk não foi a única pessoa que conhecemos no Taiti que havia conseguido organizar a vida de acordo com suas próprias regras.

No jantar

Certa noite, fomos andando pela praia até um pequeno restaurante pé na areia. Na baía, havia vários e belos veleiros.

Enquanto tomávamos drinques, um bote se desprendeu de um dos barcos e foi até a areia. Um casal mais ou menos da nossa idade (20 e poucos anos na época) saiu dele, caminhou pela praia e se sentou ao nosso lado. Começamos a conversar. Logo estávamos dividindo uma mesa e jantando juntos. Não consigo lembrar os nomes deles, mas nunca vou me esquecer de sua história.

Eles tinham saído de Los Angeles em um veleiro e estavam passando quatro meses passeando pelas ilhas do Pacífico Sul. Perguntei com o que trabalhavam para poderem fazer algo tão surpreendente.

O rapaz tinha dois sócios com quem dividia aquele veleiro e um negócio em Los Angeles. Alternadamente, dois deles ficavam em LA administrando o negócio enquanto o terceiro viajava no barco.

É claro que você precisaria de parceiros em quem confiasse de fato, mas, isto posto, talvez esse tenha sido o melhor acordo que já ouvi. Esses sujeitos, junto com Muk, são ótimos exemplos de como viver com ousadia.

Embora sejam poucos, eles não estão sozinhos. Ao longo dos anos, conheci diversas pessoas que levam a vida de acordo com suas próprias regras. Estão decididas a quebrar os grilhões da dívida, do consumismo e das mentalidades limitantes e viver com liberdade. São cheias de ideias e de coragem.

A liberdade, para mim, é a condição mais valiosa que o dinheiro pode comprar, e é por isso que ofereço a você as estratégias para conquistá-la.

Algumas considerações finais sobre risco

Se decidir buscar a liberdade financeira, você precisará gastar seu dinheiro em investimentos. De alguma forma, em nossa cultura, essa decisão passou a ser vista pela maioria das pessoas como sinônimo de privações. Isso nunca fez muito sentido para mim. Nada que eu compre ou tenha será melhor do que o dinheiro do f***-se.

Com ele, as possibilidades do mundo são infinitas, e você se depara com a deliciosa decisão de fazer o que quiser com a sua liberdade. Os únicos limites são sua imaginação e seus medos.

No entanto, embora não seja necessário passar por privações, investir significa, sim, assumir riscos.

A abordagem de investimentos deste livro tem por base a premissa de que o mercado de ações sempre sobe. Afinal, o índice Dow Jones começou o século passado em 68 e terminou em 11.497. Nesse meio-tempo, houve duas guerras mundiais, uma depressão deflacionária, crises de inflação alta e inúmeras guerras menores e desastres fiscais. Se quiser ser um investidor bem-sucedido no século atual, você precisa ter alguma perspectiva.

Há quem busque a segurança absoluta, mas é evidente que isso não existe.

Posso ter certeza de que a economia norte-americana não está prestes a entrar no ciclo de queda que o Japão continua a enfrentar? Ou algo pior? Não.

Uma taxa de retirada de 4% será sempre segura? Não. É bem provável que em 4% das vezes não funcionará e você precisará ajustá-la.

E quanto a asteroides, vulcões, vírus altamente mortais, invasões alienígenas, uma era glacial, a inversão dos polos magnéticos, robôs com inteligência artificial, a nanorrobótica ou talvez um ataque zumbi? Relaxe. Isso não vai acontecer. Pelo menos não em nosso tempo de vida.

A Terra existe há cerca de 4,5 bilhões de anos. A vida multicelular, há aproximadamente meio bilhão de anos. Grandes eventos de extinção, como o asteroide que aniquilou os dinossauros há 65 milhões de anos, aconteceram cinco vezes. Então, eles ocorrem a intervalos de mais ou menos 100 milhões de anos.

Somos mesmo arrogantes a ponto de pensar que uma dessas tragédias se abaterá sobre nós no piscar de olhos geológico que dura nossas vidas? Que seremos nós a testemunhá-lo? Improvável.

E se eu estiver errado? Se uma dessas catástrofes acabar com a vida na Terra – ou mesmo com a civilização –, nossos investimentos não terão qualquer importância.

Isso não quer dizer que não corremos riscos. Se você tem dinheiro, tem risco. Você precisa decidir com qual tipo de risco quer conviver. Pense nisto:

- As ações são consideradas muito arriscadas e, sem dúvida, são voláteis a curto prazo. No entanto, ao longo de cinco a dez anos, as probabilidades favorecem retornos consideráveis. No decorrer de vinte anos, é quase certo que você se

tornará mais rico se tiver investido em ações. Pelo menos se os últimos 120 anos turbulentos servirem de guia.
- O dinheiro é considerado muito seguro. Mas, todos os dias, seu poder de compra é erodido pela inflação. Ao longo de alguns anos, não é um grande negócio manter dinheiro vivo em casa ou na conta bancária; o ideal é ter uma quantia que você pretenda gastar no futuro próximo. Durante dez ou vinte anos, manter seu patrimônio em dinheiro é garantia quase certa de sofrer perdas.

Talvez seja mais útil pensar não em termos de risco, e sim de volatilidade. As ações têm muito mais volatilidade que o dinheiro. Oferecem, porém, muito mais potencial de valorização. O dinheiro é pouco volátil, mas você paga por isso com a lenta erosão de seu poder de compra.

Para responder "Qual é o melhor investimento?", primeiro você tem que saber quais são as suas necessidades, o seu perfil de risco e os seus objetivos.

Todos nós precisamos jogar com as probabilidades e tomar decisões com base nas alternativas disponíveis. Mas, ao fazê-lo, precisamos saber que o medo e o risco são muitas vezes exagerados e que permitir que ele controle nossas ações também tem seus riscos.

Superar o medo me permitiu evitar o pânico e enfrentar desastres financeiros como o que ocorreu em 2008. Possibilitou que eu tivesse o dinheiro do f***-se. Tornou viável que eu me dedicasse a paixões levemente arriscadas. Este livro foi criado para ajudar você a tomar atitudes semelhantes.

Tendo chegado até aqui, você tem uma compreensão sólida de como os investimentos funcionam de verdade e de como construir a riqueza de maneira realista. Você passa a entender que a estrada pode ter altos e baixos e que as quedas no mercado são normais. Agora que detém esse conhecimento, tais eventos já não parecem tão assustadores. Permitem, aliás, que evite o pânico e mantenha o foco no objetivo de acumular riqueza e alcançar a liberdade financeira.

O caminho está à sua frente. Você só precisa dar o primeiro passo e começar. Aproveite a jornada!

Agradecimentos

Sou um leitor voraz. Sempre li a página de agradecimentos de muitos livros. Sempre desdenhei. Pensava comigo mesmo: "É claro que algumas pessoas talvez tenham feito uma coisinha ou outra para melhorar o texto, mas o trabalho duro de verdade foi feito pelo autor, que agora está só sendo legal."

Então escrevi este livro.

Edição

O caminho simples para a riqueza não existiria se não fosse pelo meu editor, **Tim Lawrence**, e essa não é uma afirmação vazia ou apenas gentil.

Sua orientação fez do produto final uma obra muito melhor. Mas foram seu estímulo inabalável, sua persistência e sua confiança no valor deste livro que me fizeram cruzar a linha de chegada. Ele até me forçou inabalavelmente a reduzir o uso da palavra "inabalável", à qual sou muito afeiçoado. Porém, como ele não vai editar esta página de Agradecimentos, posso disfarçar e usá-la mais vezes.

A tarefa dele foi tão árdua que, perto do fim, Tim fugiu para o isolamento de um monastério. Tenho o prazer de anunciar que, após seis meses, ele retornou ao nosso convívio.

Desde então, tem viajado pelo mundo. A última notícia que tive é que ele estava em algum lugar do Sudeste Asiático. Tim escreve sobre adversidade e resiliência.

Por incrível que pareça, ainda fala comigo.

Revisão técnica

Como sou um pouco obsessivo, usei dois revisores. Os dois que encontrei tinham algo além de experiência profissional em revisão.

Kelly Paradis tem doutorado em física atômica e, hoje, trabalha como pesquisadora de física médica em um grande centro no Meio-Oeste. Então, é claro, quando ela me ofereceu seus serviços, eu disse a ela que não tinha estudo suficiente para revisar *O caminho simples para a riqueza*.

A tese dela examinava a aplicação de átomos aprisionados para obtenção de informações quânticas, e agora ela aplica os princípios da física no tratamento de câncer com terapia de radiação. Faz palestras nos Estados Unidos e no exterior sobre sua pesquisa nesse campo. Assim, pensei: "Tudo bem, talvez."

Além de revisar o texto, ela verificou todas as contas. Provavelmente porque já tinha aprendido a questionar meu bom senso.

Quando não está no laboratório explodindo coisas, Kelly, o marido e seu gato Apollo escrevem sobre a própria jornada rumo à independência financeira.

Rich Carey é tenente-coronel da Força Aérea dos Estados Unidos. Eu disse a ele que sua patente não era alta o bastante para esta tarefa.

Rich passou a maior parte dos 16 anos de sua carreira militar no exterior. Trabalhou com a OTAN, a ONU e várias organizações militares e policiais de outros países. Chegou até mesmo a se envolver em negociações internacionais de paz. É fluente em chinês e em japonês. E, o que é mais importante para meus propósitos, é falante nativo de inglês.

Seu passatempo é a independência financeira, e sua maneira de lidar com dinheiro lhe permitiu pagar pela sua casa em Washington D.C. e quitar as dívidas estudantis em seis anos. Ele também comprou vários imóveis, com o intuito de alugar, sem precisar fazer empréstimos. Rich escreve sobre sua jornada em www.richonmoney.com.

Checadores

Como os conceitos, as opiniões e as abordagens apresentados neste livro muitas vezes vão contra a norma, era crucial para mim que os fatos estivessem corretos. Portanto, usei três checadores.

Dois dos autores mais inteligentes sobre independência financeira em atividade hoje são **Mad Fientist**, do site www.madfientist.com (um blog financeiro que tem postagens ocasionais sobre viagens), que ainda está tentando preservar um pouco de privacidade, e **Jeremy Jacobson**, do site www.gocurrycracker.com (um blog de viagens longas que tem postagens ocasionais sobre finanças). Jeremy não se preocupa com privacidade.

Quando leio o que eles escrevem, é comum que eu pare e pense: "Uau. Eu nunca tinha refletido sobre isso" ou "Nunca pensei nisso dessa forma". Para alguém imerso em assuntos de investimentos há tanto tempo quanto eu, isso não é pouca coisa.

Eles eram tudo o que eu precisava para manter este livro nos trilhos.

Assim como **Matt Becker**, do www.momanddadmoney.com. Matt é um planejador financeiro. Como você verá, sou um crítico um tanto quanto severo da profissão e de muitos de seus representantes, mas Matt está no grupo dos bons, e suas ideias e perspectivas ampliaram as minhas. Este livro ficou melhor por causa disso.

Leitores

À medida que o livro foi tomando forma, quis ter certeza de que ele "funcionava" para o meu público-alvo.

Precisava de pessoas inteligentes, que amassem ler e soubessem pouco sobre finanças pessoais, mas que tivessem interesse suficiente para ler um livro sobre o assunto. Também queria indivíduos que não me conhecessem pessoalmente, para eliminar qualquer viés.

Meus contatos me indicaram três leitores:

Tom Mullen é um consultor de gestão que viaja pelo mundo todo e é autor de vários livros sobre vinho, viagens e liderança. Você pode encontrá-lo e ver alguns exemplos de sua escrita esplêndida em www.roundwoodpress.com e www.vinoexpressions.com.

Kate Schoedinger, como leitora voraz, especialista em leitura para o ensino fundamental e professora universitária, foi uma escolha perfeita para ler os manuscritos. Ela se certificou de que os conceitos neste livro ficassem claros para pessoas de fora do mundo financeiro, já que ela não é, em suas próprias palavras, "nenhuma acadêmica ou especialista em finanças".

Brynne Conroy é blogueira de finanças pessoais e escritora freelancer. Em seu site, www.femmefrugality.com, ela compartilha dicas úteis e truques com o dinheiro, em sua maioria sobre como economizar no dia a dia e aumentar a renda. Mas faz pouco tempo que ela entrou na área dos investimentos, o que a tornou uma leitora perfeita para este projeto. Brynne é inteligente, conhece um bom texto e sabe o bastante sobre o assunto para garantir que eu me mantivesse nos trilhos.

Prefácio

Pete Adeney, também conhecido como Mr. Money Mustache (www.mrmoneymustache.com), aceitou escrever o prefácio. Pete é uma grande força no mundo da independência financeira e há muito tempo apoia meu blog e o meu método de investimentos. Ele também foi a primeira pessoa a quem convidei para ser palestrante de nosso evento anual Chautauqua, no Equador, e desde então comparece todo ano. Tudo isso já seria motivo suficiente para chamá-lo. O fato de ele ter produzido o texto que inicia este livro é sensacional. Estou lhe devendo uma, meu amigo.

Apoio emocional

Criar este livro foi um processo longo e, por vezes, estressante. A montanha-russa de emoções me deixou às vezes deprimido, às vezes espumando de raiva, às vezes bobo de alegria. Minha esposa, **Jane**, aturou tudo sem me esfaquear enquanto eu dormia. Não existir um prêmio para isso é uma das grandes falhas de nossa civilização.

Resumindo, com a ajuda dessas pessoas, este livro ficou tão bom quanto possível. Quaisquer defeitos, falhas ou imprecisões são de inteira responsabilidade minha e resultado daqueles poucos momentos em que não segui o conselho sábio desse time.

Obrigado por ler.

Para saber mais sobre os títulos e autores da Editora Sextante,
visite o nosso site e siga as nossas redes sociais.
Além de informações sobre os próximos lançamentos,
você terá acesso a conteúdos exclusivos
e poderá participar de promoções e sorteios.

sextante.com.br